LEGENDS BATTLEFIELD

改变世界历史的 17 位将领

[英]丹·皮尔 —— 编著　　吴博　王天姿 —— 译

中国画报出版社·北京

图书在版编目（CIP）数据

改变世界历史的17位将领 /（英）丹·皮尔编著；吴博，王天姿译. -- 北京：中国画报出版社，2023.1
（萤火虫书系）
书名原文：History Of War Legends of the Battlefield
ISBN 978-7-5146-2163-1

Ⅰ. ①改… Ⅱ. ①丹… ②吴… ③王… Ⅲ. ①军事家—生平事迹—世界 Ⅳ. ①K811

中国版本图书馆CIP数据核字(2022)第180031号

Articles in this issue are translated or reproduced from History Of War : Legends of the Battlefield Second Edition and are the copyright of or licensed to Future Publishing Limited, a Future plc group company, UK 2020. Used under licence. All rights reserved. All About History is the trademark of or licensed to Future Publishing Limited. Used under licence.

FUTURE

北京市版权局著作权合同登记号：图字01-2022-0374

改变世界历史的 17 位将领

【英】丹·皮尔 编著　吴博　王天姿 译

出 版 人：方允仲
审　　校：崔学森
责任编辑：田朝然　王韵如
内文排版：郭廷欢
责任印制：焦　洋

出版发行：中国画报出版社
地　　址：中国北京市海淀区车公庄西路33号　邮　编：100048
发 行 部：010-88417360　010-68414683（传真）
总编室兼传真：010-88417359　版权部：010-88417359

开　本：16开（787mm×1092mm）
印　张：12.5
字　数：278千字
版　次：2023年1月第1版　2023年1月第1次印刷
印　刷：北京汇瑞嘉合文化发展有限公司
书　号：ISBN 978-7-5146-2163-1
定　价：72.00元

欢迎来到
改变世界历史的 17位将领

　　这个世界的开端充满着各种冲突和危机。本书将介绍军事史上一系列杰出的人物——从古代世界无畏的勇士和中世纪的征服者，到早期现代革命者和20世纪著名的将军。通过独到的洞察力，深入的特征分析，丰富的作战地图和插图，探索亚历山大大帝如何建立世界上最强大的帝国之一，并了解古斯塔夫·阿道夫的军事创举。本书还呈现了美国最受人尊敬的两位将军在内战中的正面交锋，您还会读到击败纳粹、结束"二战"的苏联将军的故事。本书将他们的故事呈现出来，探索有关他们的关键战役和光荣的胜利，并审视他们对战场乃至整个军事史的影响。

目 录

7　居鲁士大帝	112　霍雷肖·纳尔逊
15　亚历山大大帝	125　拿破仑 VS 惠灵顿
28　汉尼拔·巴卡	132　李 VS 格兰特
43　尤利乌斯·恺撒	145　约翰·约瑟夫·潘兴
59　狮心王理查	157　乔治·史密斯·巴顿
73　威廉·华莱士	169　伯纳德·蒙哥马利
81　古斯塔夫·阿道夫	179　德怀特·艾森豪威尔
91　约翰·丘吉尔	191　格奥尔基·朱可夫
101　乔治·华盛顿	

从古代的勇士到20世纪的战术家

居鲁士大帝

居鲁士绝不仅仅是一个无情的征服者,他还是一位才华横溢、富有创造力的管理者。

★★★★★★★★★★★

居鲁士大帝是古代世界最令人印象深刻的政权之一——波斯帝国的创建者。波斯帝国存在了两个世纪之久(公元前550—前330),最终被亚历山大大帝摧毁。尽管居鲁士在历史上有重要的意义,但关于他的征服事实却少之又少。学者们从各种传说、散落的楔形文字石板、《圣经·旧约》中简短片面的叙述,以及居鲁士为他的征服进行辩护的声明中,尽一切可能还原他的真实形象。

在居鲁士统治时期之前,土耳其和古中东其他地区被三个帝国占据:土耳其西部的吕底亚;地跨现在中亚的米底;以及横跨伊拉克、伊朗和地中海海岸的巴比伦。古代亚述帝国覆亡后其遗产被米底亚人和巴比伦人瓜分。远在东方和北方,在未知的亚洲中心,是斯基泰人(也被称为萨卡人)的领地,他们是游牧的骑兵,生活在文明视野之外的一个并未完全开化的世界里。

居鲁士的故乡波斯是由他的祖先阿契美尼斯,于两个世纪前在亚洲中部建立的部落逐渐发展起来的。居鲁士是阿契美尼德王朝的第七任国王,出生于公元前600年或公元前575年——25年的差异,表明了现有资料的不确定性。当居鲁士还是个孩子的时候,整个波斯地区处于米底王国的统治之下。

一百年后,希腊历史学家和旅行家希罗多德记述了居鲁士的崛起历程。他的外祖父阿斯提阿格斯(米底亚人的国王)梦见从他的生殖器里长出了一串葡萄藤。祭司们告诉他这预示着他的一个后裔将要推翻他的统治。此时他的女儿芒达妮怀孕了。于是国王命令一个贵族杀死这个孩子。贵族把任务委派给一个卑微的牧羊人,牧羊人却没有执行这个任务,而是把这个孩子当作自己的孩子抚养起来。后来这个男孩在玩扮演国王的游戏时才使得真相大白,他惟妙惟肖的表演引起了阿斯提阿格斯的注意。阿斯提阿格斯认出了自己的外孙,他就是居鲁士。

居鲁士和外祖父阿斯提阿格斯一起度过了自己的童年,并接受了训练和教育。根据希腊历史学家和纪实作者色诺芬的说法,他是一个拥有罕见智慧和魅力的男孩:"(他)非常健谈,部分原因可能是由于他的教养。每当他参加审判时,他的老师会借机训练他,让他为自己的行为给出合理的解释。而且,他的好奇心和求知欲非常强烈,他对每个问题都想要得到一个明确的答案……

▲ 阿斯提阿格斯国王派哈帕格斯杀死小居鲁士
◀ 位于德国的一座居鲁士大帝雕像
▼ 托米莉斯王后接过了居鲁士的首级

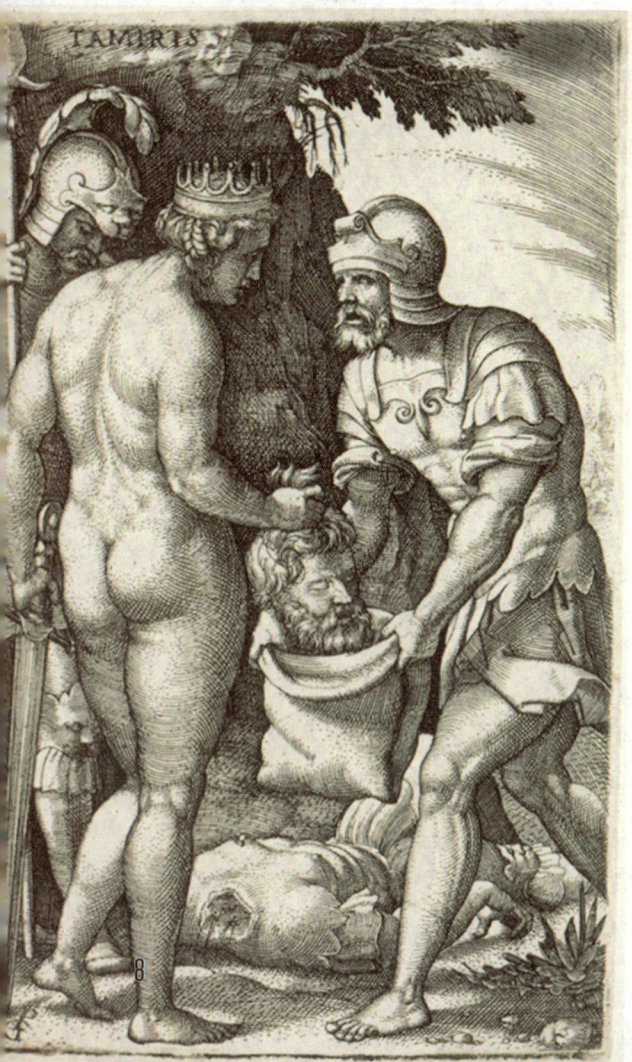

可以说,健谈成了他的第二天性。但是……他给人留下的印象不是傲慢,而是单纯和热心。然而,随着他的身高和年龄的增长,当他从一个孩童成长为一个青年时,他更加谨言慎行了……但他还是最喜欢和同伴们在一起,这并不奇怪。因为每当他和伙伴们进行技艺较量时,他决不会向伙伴们挑战他自己所擅长的技艺,而是会从自己最不擅长的开始……然后,当他被打败的时候,他会第一个自嘲自己的窘迫。"

最后,年轻的居鲁士回到了他父亲在波斯的宫殿,并于公元前559年继承了王位。希罗多德发现并记录了这个故事。为了阻止自己所梦到的预言成真,阿斯提阿格斯入侵波斯。但居鲁士打败了他,并在公元前550年左右占领了米底。为了报复,阿斯提阿格斯把那个没有遵从他命令的贵族的儿子叫来,把他剁碎、烤熟、煮烂,然后诱骗这个贵族吃掉了自己的孩子。

接下来是吕底亚,几年后也被攻陷了。虽然希罗多德记述了这个故事,但没有记录任何细

居鲁士圆柱

它被称为有史以来第一部人权宪章,但它宣称了什么?

居鲁士圆柱,只有10英寸①长,虽然文字内容并不完全可靠,却是国王成就的主要记录来源。一方面,它有破损之处,文本并不完整;另一方面,文字表述的实际上是为居鲁士的征服和统治进行辩护的宣传。巴比伦的国王拿波尼度被诋毁,居鲁士被称赞为巴比伦利益的守护者。这段选自大英博物馆的楔形文字译文,部分内容如下:

"不适宜的仪式每天都在(有狂热宗教信仰的城市)进行,这被视为一种侮辱,他(拿波尼度)停止了每天的祭祀。在他的脑海里,对万神之王马尔杜克的敬畏已经消失了。他每天都在增加他本城和本族人的罪恶。天神恩利勒对他们的抱怨极为愤怒。天神恩利勒查看列国,寻找正直之王。他执起居鲁士的手,以他的名字呼唤他,大声宣布他是万王之王。伟大的天神马尔杜克,居鲁士的人民都是他的子民,他很高兴地看到了居鲁士的善行和真心,并命令居鲁士去巴比伦。神让居鲁士不战而胜。把那个不敬畏他的拿波尼度交给了居鲁士。众民、贵族和省长,都臣服于居鲁士,亲吻他的双脚,为他获得王位而感到欢喜,脸上闪耀着光芒。我是居鲁士、宇宙之王、伟大之王、合法之王、巴比伦之王、苏美尔和阿卡德之王,世界四方之王。"

---

① 英寸,英国长度单位,1英寸约为2.54厘米。

> 居鲁士统治了大约30年，建立了一个横跨2500多公里疆域的帝国，这是迄今为止世界上最大的帝国之一。

◀ 居鲁士大帝之墓，现位于伊朗的帕萨尔加德

节。吕底亚国王克洛伊索斯是一位富有传奇色彩的人物。克洛伊索斯在德尔斐阿波罗神庙祈求神谕，并被告知如果他攻击波斯人，他将摧毁"一个伟大的帝国"。但他还是发动了进攻，居鲁士获得了米底亚军队的增援，把克洛伊索斯赶回他的首都萨迪斯。随后，波斯军队爬上了一堵据说无法攀越的城墙，这座城市就此沦陷。克洛伊索斯亲手摧毁了他自己的伟大的帝国。

公元前540年，居鲁士开始进攻下一个目标巴比伦。作为一个有着一千多年历史的伟大帝国的首都，巴比伦曾一度陷入困境，直到公元前500年早期，在尼布甲尼撒的统治下，它的实力才得以恢复。在这期间，尼布甲尼撒洗劫了耶路撒冷（公元前587—公元前586），并俘虏了大量犹太人。然而到了居鲁士的时代，巴比伦已经成为一个易于攻取的目标，因为它的国王拿波尼度已经离开10年（公元前553—公元前543）了，他把这座城市交给了儿子伯沙撒。他毫无缘由的离去——或许是试图延长阿拉伯的贸易路线——似乎使他不得人心。而另一个使他不得人心的原因，可能是他一回来就把巴比伦诸神的神像从圣所搬到首都保管。不管是什么原因，这都给了居鲁士一个机会，让他以巴比伦宗教保护者的身份出现。

公元前539年秋天，居鲁士入侵巴比伦，在首都北部的奥皮斯城赢得了一场战斗，然后进入了巴比伦，几乎没有受到其他抵抗。根据希罗多德的记述，波斯人是这样做的：他们将幼发拉底河改道，降低水位，以便能够跨过河床。拿波尼度被俘，从历史中消失，他的命运无人知晓。

在一个用黏土制作的铭文柱中记录了居鲁士的征服事迹，这份文件被称为"居鲁士圆柱"，它是一份公开的公关文件，旨在证明居鲁士的征服是正当的。它声称拿波尼度统治的国家是不稳定和不虔诚的，伟大的恩利勒神选择了居鲁士作为他的代理人，通过修复神殿，允许难民返回和重建首都带来和平。圆柱上写着："我把居于该处的神像送回底格里斯河彼岸的圣城。为它们设

立永久的居所。我召集所有居民，把原居地归还给他们。"结果就是，"所有贵族和省长都臣服于他（居鲁士），亲吻他的双脚，他们的脸上闪耀着光芒"。

居鲁士的慷慨不仅适用于当地的宗教，犹太人也被允许从他们被掳的地方返回以色列。可能正如《圣经》所说，居鲁士实际上资助了耶路撒冷圣殿的重建。事实上，重建是在居鲁士的孙子大流士的统治下进行的，但是居鲁士的功绩被人们认定为事实了。

无论如何，犹太人对居鲁士产生了极大的崇拜。先知以赛亚称居鲁士为上帝的"受膏者"①——实际上就是弥赛亚——并预言上帝赐予他对所有国家的胜利。另一位先知以斯拉称，居鲁士曾说上帝"已将天下万国赐给我"。

征服巴比伦之后，还要征服哪里呢？在北部和东部有另一个世界，那就是游牧的骑兵——斯基泰人的土地。在任命了总督和官员之后，居鲁士可能在公元前530年死于与斯基泰人的战斗。不得不再一次声明，这没有确切的记录证明，只有故事，是希罗多德讲的最棒的故事。

一个被称为马萨格泰人的斯基泰部落，以喝发酵的马奶和性别平等主张而闻名。他们全副武装，头戴钢盔，腰系皮带，无论男女，都骑在马背上，手持战斧和弓箭作战。当时，他们由一位名叫托米莉斯的女王统治。

游牧骑兵几乎从未打过败仗，因为他们像草原上的薄雾一样神出鬼没。所以（在希罗多德的故事中）居鲁士采取了欺骗的手段，他摆了一桌酒席。波斯人撤退后，游牧民族向前推进，并发现了酒席，吃喝之后陷入了昏迷。波斯人折返回来，杀死了他们中的大多数人，并俘虏了托米莉斯的儿子。托米莉斯的儿子醒来后自杀了。托米莉斯发誓要报仇："现在马上离开我的土地……否则我将会让你饱饮鲜血。"在接下来的战斗中，游牧民族打败了波斯人，杀死了居鲁士。托米莉斯发现了居鲁士的尸体，她割下了居鲁士的头，并把它丢进了一个装满血的革囊，并说了这样一句话："我虽然活着，并在战场上打败了你，但你却毁了我，因为你欺骗了我的儿子。现在我要兑现我的誓言，让你饱饮鲜血。"

这是一个生动的故事，但对希罗多德而言，它的真相可能更多地体现在道德层面，而非细节层面：伟大的领袖不应诉诸诡计。

居鲁士统治了大约30年，建立了一个横跨2500多公里疆域的大帝国，从黑海一直延伸到今天的阿富汗。他的儿子冈比西斯和另一位后人大流士把帝国的版图扩展到了埃及、利比亚和印度。但这并不是持久的。公元前330年前后，亚历山大大帝打败了波斯人，帝国灭亡了。

然而，居鲁士所创造的事迹在时间的长廊里回荡着。学者们一致认为，他作为帝国统治者的成功在很大程度上归功于他的执政形式，即如何平衡中央管理与地方自由。他的体系被后来的王朝保留下来，延续了一千多年，直到7世纪阿拉伯人征服波斯。

居鲁士圆柱甚至对宗教自由和正义做出了听起来很现代的承诺，以至于在20世纪70年代，伊朗国王称其为"历史上第一部人权宪章"。但也有一部分人认为，它只不过是具有现代化宪章的形式而已，对它的评价过于夸大了。但伊朗仍将其视为国家认同的基石。

居鲁士的陵墓可能在伊朗南部设拉子附近。这座位于岩石基座上的古墓距离居鲁士的都城帕萨尔加德很近，直到居鲁士的儿子冈比西斯将其

---

① 受膏者，the anbinted one。用油或香油抹在受膏者的头上，使他接受某个职位的意思。

改名为苏萨。没有确凿的证据表明这就是他的陵墓,但也有可能,因为两个世纪后亚历山大大帝曾到此祭扫居鲁士的陵墓。陵墓上面刻有一段古老的铭文:"过路人,我是居鲁士,亚洲之王,是我为波斯人创建了一个帝国。不要因此怨恨我这座丰碑。"

波斯帝国

波斯帝国的范围是如此之大,以至于它被称为"宇宙帝国"。随着各个王朝的政区和行政功能的改变,它的边界也不断变化。正因如此,波斯人的影响力从地中海扩散到印度,其特征在大多数文化中都有体现。

陶器是古代帝国最早的艺术形式之一。后来,金器和银器变得更加重要。

宗教信仰

波斯人包容其他地区的宗教信仰。他们的官方宗教是袄教。随着穆斯林的征服,伊斯兰教成为官方和国家宗教。

黑海

马其顿

希腊

萨迪斯

地中海

帝国的所在地

据信,居鲁士大帝选择了阿契美尼德帝国的首都波斯波利斯,但建造柱廊和宫殿的却是大流士一世,这些遗迹至今仍保留着。

波斯波利斯

建筑风格

波斯建筑的典型特征是兼收并蓄,融合了亚述人、埃及人、米底亚人和亚细亚希腊人的元素。尽管如此,它的建筑仍具有独特的波斯风格,无论在世界各地都能认出它来。

波斯的诞生地

波斯人最初是生活在伊朗高原西部的游牧民族。公元前 850 年，他们自称帕尔斯人，开始建设基础设施，以支撑他们日益增长的影响力。帕萨尔加德是居鲁士大帝统治下阿契美尼德帝国的首都。

开疆扩土

巴比伦的城墙被认为是坚不可摧的，但居鲁士制订了通过水路占领它的计划。这座城市在公元前 539 年陷落，新巴比伦王国成为居鲁士帝国的一部分。

文化的多样性

波斯帝国的历史充满了文化交流，吸收了从埃及到里海和波斯湾地区各民族的传统。民族传统的融合是其不变的特征之一。

波斯不死军团

波斯军队中，最令人恐惧的是一群绰号为"不死军团"的精锐士兵，因为他们是战场上的不死之躯。当 1 万名军团步兵中的一名倒下时，会立刻有另外一个士兵填补他的空缺，从而保持军团的凝聚力和恒定的力量。

不死军团的士兵手持短矛，短矛的后端有一个金质或银质的配饰，以区分他们的等级。虽然短矛有很好的机动性，但它的攻击范围有一定的限制。士兵还配有短弓和箭袋。这给他们提供了迅速改变战斗范围的机动性，可以在短时间内灵活地从近战模式切换到远程作战模式。

公元前 525 年冈比西斯二世征服埃及，以及公元前 513 年大流士一世入侵印度西部边境小国的过程中，不死军团扮演了重要角色。公元前 480 年，不死军团参加了与斯巴达人的塞莫皮莱战役。公元前 479 年，在马多尼乌斯的统治下，不死军团加入了希腊的波斯占领军。

亚历山大大帝

亚历山大大帝统领过世界上最令人生畏的军队，并通过武力建立起一个庞大的帝国，人们称他是英雄、暴君和神。

腓力二世英年早逝，他的白袍被红色浸透。在他女儿的婚礼上，欢声笑语很快被尖叫声和哀号声所淹没，因为国王的近身护卫官——保萨尼亚斯将一把匕首刺进了主人的胸膛。刺客骑马逃跑时，被藤蔓绊了一跤，马上被追上来的卫兵用长矛杀死了。腓力二世倒在血泊之中，正如他生前被阴谋诡计所笼罩一般。他的遗产将在整个中亚和中东地区留下血腥的足迹。

马其顿位于现代希腊北部，同阿尔巴尼亚、保加利亚相邻。从公元前359年到公元前336年，马其顿国王腓力二世统治了23年，他从一个蛮荒落后地区的山地部落统治者成为希腊王国和诸城邦的霸主。腓力二世通过战争、军事联盟和联姻，同马其顿的君主们形成了统一战线，将马其顿军队打造成为古代世界最令人生畏的战斗力量之一，准备进攻他们最痛恨的敌人——波斯的阿契美尼德帝国，因为它曾在一个世纪前的希波战争中羞辱了希腊人。年仅20岁的马其顿亚历山大三世——人们更愿意把他称为亚历山大大帝，继承了王位，兴奋地驾驶这部战争机器全速前进。

亚历山大从出生起就被当作伟人来培养，他可不是一位娇生惯养的王子。亚历山大在严厉的、禁止一切奢侈生活的列奥尼达将军和哲学家亚里士多德的指导下，不仅精通武器使用、骑马和竖琴弹奏，还掌握了伦理学、哲学和辩论技巧。他每天都进行潘克拉辛训练，这是一种古希腊式的搏击术，是一种可以同时使用拳击、角力、踢腿、扼喉等招数的较为残暴的搏斗方式。16岁时，他作为摄政王开始统治马其顿，而他的父亲则在远离家乡的地方作战。年轻的君主在平定了色雷斯部落叛乱之后，建立起一座崭新的城市——亚历山大城——这是第一座以他的名字命名的城市。

就像在这之前和之后的许多文明一样，当时希腊人喜欢传播一些流言蜚语。他们说，腓力二世的死是保萨尼亚斯的报复行为，但是有两个人却从中受益：一位是亚历山大的母亲——腓力二世曾经的爱妻奥林匹亚，她的王后之位被一位年轻女人克娄巴特拉·欧律狄刻夺走了；另一位就是亚历山大本人，他迅速处决了其他所有王位竞争者，同时镇压了希腊各地的叛乱。奥林匹亚开始巩固她的权力，克娄巴特拉·欧律狄刻被处死，她的小女儿被活活烧死。

▲ 亚历山大大帝镇压希腊叛乱

神话中不太能够让人信服的部分是有关于亚历山大的宏伟志向的描述。纵观亚历山大的父系母系家族谱系图，可以发现他们都是具有传奇色彩的人物，因此他传奇般的命运是可以被预见的。他的父亲是宙斯之子——半人半神的大力士赫拉克勒斯，因此他被认为具有赫拉克勒斯后裔的血统，而他母亲的家族则崇拜在特洛伊之战中无人能敌的勇士阿喀琉斯。种种预言和前兆预示着这位新国王野心勃勃——他要掌控自己的命运，要建立起一个真正属于自己的传奇帝国。在不到十年的时间里，他战胜了强大的波斯帝国，并将疆域从利比亚扩张到印度，建立起了一个庞大的帝国。

这一系列征服故事如同神话一般被人传颂。公元前334年初，在当年腓力二世率军准备大举进攻的地方，亚历山大带领4.7万名来自马其顿和希腊王国的士兵和雇佣军，越过达达尼尔海峡，这条狭窄的海峡连接着黑海和地中海，以及小亚细亚和欧洲。这位皇帝全副武装，头戴巨大的羽饰头盔，身穿金色胸甲，从战船上一跃而下，呼喊着将一支长矛射向空中，长矛一头扎进小亚细亚毫无防备的土地。这是这场战争的第一次进攻，战争过后亚历山大占领了20多平方英里①的土地，也造成了7.5万到20万人的死亡。

如今的土耳其海岸线上还散落着当年被波斯侵略者统治过的希腊城市，其中特洛伊城对亚历山大有着特殊的意义。据说这是亚历山大母亲一系的祖先阿喀琉斯取得辉煌胜利和悲惨死去的地方，荷马史诗《伊利亚特》中记述的特洛伊战争故事始终伴随亚历山大的征程，他常常引用里面的经典诗句，这部史诗是他的导师亚里士多德送给他的礼物。他让人打开了阿喀琉斯的墓葬，以便向其进行祭拜，然后他骑马来到附近的雅典娜神庙，雅典娜是希腊神话中的智慧女神，马其顿国王在这里看到了他认为是阿喀琉斯的武器，并用自己的盾牌换下了阿喀琉斯的盾牌。亚历山大并不满足于同阿喀琉斯存在这样一种不切实际的家族联系；他试图对阿喀琉斯发起挑战，拜访这

---

① 英里，英制长度单位，1英里约为1.6千米。

格拉尼克斯河战役（公元前 334 年）

亚历山大对战波斯帝国的首次胜利。

波斯军队和亚历山大新组建的部队之间的第一次真正较量，这场战役是他标志性战术的经典案例。亚历山大使用重型骑兵攻击敌人防线最薄弱的地方，同时他训练有素的步兵也让敌人对他们的长矛闻风丧胆，凭借的就是马其顿军队的专业化，及其核心部队的独特战术。

这也证明了亚历山大知道如何更好地使用他父亲为他积蓄的力量。

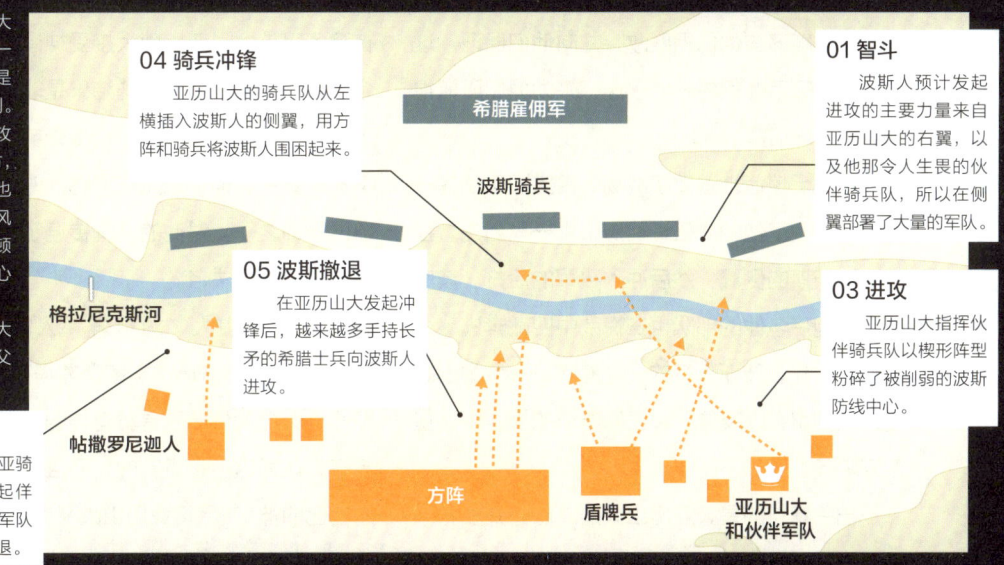

个充满杀戮和英雄主义的地方，以继承古希腊最伟大英雄之一的衣钵。

这种宣传方式到底是鞭策了他的军队，还是只有他自己坚信不疑？他既是一个实用主义者又是一个野心勃勃的人——这是一种危险和不可预测的结合，但也使他成为战场上最具个性的统帅。

公元前334年，亚历山大第一次同波斯人交战，很快他就在他钟爱的特洛伊城外的格拉尼克斯河迎来第一场胜利，并在战斗中创建了一种速战速决的模式。亚历山大首先发起了一次佯攻，牵制住强大的波斯军队和他们身经百战的希腊雇佣军，以此拉长他们的战线，然后使用骑兵部队逐个击破。作为解放者他受到了小亚细亚希腊臣民的欢迎，他努力争取当地群众的支持。他宣称不信任暴君，任命地方统治者，允许他们相对独立，但必须接受新的中央税收制度，以确保地方的有限自治，使其不能脱离他的管控。

波斯人凭借其精锐的海军控制着小亚细亚的广大地区，因此亚历山大选择分散自己的船只，而不是打一场他赢不了的海战。亚历山大沿着海岸推进，从陆路夺取了敌人最大的海军港口——哈利卡那索斯，他强行攻破城墙，逼迫波斯人不得不放弃这座曾属于他们的城市。公元前333年，波斯的万王之王大流士三世率领一支人数两倍于希腊人的军队，在伊索斯战役中同亚历山大交手。如果亚历山大在这场战争中失败了，那么大流士的军队就可以联合他强大的海军同亚历山大决一死战，伴随大流士在沿海一带所向披靡的攻势，一切试图摆脱东部邻国侵略威胁的希腊文明都将化为乌有。在伊索斯，就像之前和后来的许多战役一样，亚历山大将他的军队集结到一起，带着过去的荣耀和屈辱，发表了一场英雄般的演说。

"他通过描述敌人如何掠夺财产来刺激伊利亚人和色雷斯人，而对希腊人则通过让他们回忆起曾经的战争和波斯人带给他们的深仇大恨来刺激他们。"历史学家贾斯汀在3世纪写道，"他一方面提醒马其顿人征服欧洲，另一方面又激发他们征服亚洲的欲望，他夸口说，世界上没有任何一支军队能够与他们相匹敌,并向他们保证,这场战争结束后他们将一劳永逸,并为他们所取得的荣耀进行加冕。"

大流士惊慌地逃离了战场。希腊军队就像一把镰刀切割了他的队伍,亚历山大一马当先,径直穿过波斯的侧翼,然后冲入敌军的后方。波斯皇帝逃跑后,他的部队也在慌乱中四散奔逃。公元前332年,波斯仅存的一个港口——今黎巴嫩境内的提尔,以及位于今巴勒斯坦的加沙山城堡双双陷落。

出乎意料的是,亚历山大的注意力并没有东移至已经暴露的敌人的心脏地带,而是转向了西面的埃及和利比亚。

亚历山大骑马来到著名的阿蒙神谕之地——锡瓦绿洲,这里是埃及人接受神谕的地方,亚历山大被邀请到神庙的内室,而他的随行人员则留在院子里待命。亚历山大接受神谕的确切细节至今仍是一个谜,但最后的结果是非常明显的。亚历山大不满足于仅仅做一个传奇英雄,甚至连阿喀琉斯重生的神话也无法抑制他的野心,他宣布自己是神之子。对他的崇拜传遍了埃及,他的地位也被提升至法老。

"(亚历山大)对待异邦人的态度非常傲慢,"军队的官方历史学家普鲁塔克回忆道,"就像一个完全确信自己是具有神的血统的人。但是希腊人认为这不是真实的,而且很少有人认为他是自己的神。"尽管亚历山大"傲慢自大",但他从小就听他母亲讲述埃及故事长大,而希腊人,其中包括哲学家柏拉图,也曾长途跋涉到这片他们认为是文明发源地的古老土地上进行学习。站在宏伟的金字塔和庙宇之间,25岁的亚历山大可能感受到了一股值得尊敬的远古力量,他发誓

▲ 格拉尼克斯河战役,亚历山大第一次战胜了波斯帝国

必须超越这些早已死去的君王的功绩。

在国王的规划下，亚历山大城不仅具有宽阔的林荫大道和宏伟的庙宇，还修建了防御工事和管道系统。城市的建设始于公元前331年，目前它仍然是埃及的第二大城市和最大的港口，通过跨越地中海的贸易和文化的交流，连接着国王的新旧世界。亚历山大城融汇了两大文明，成为希腊和埃及的宗教、医学、艺术、数学和哲学的学术中心。同时这座城市还体现了亚历山大某些优秀的特质，比如他对教育和知识的渴望，并对其大力发展。然而，黑暗的日子还是到来了。

如同一个死亡天使，亚历山大的铁骑摧毁了阿契美尼德王朝，并带着仇恨继续向东进发。亚历山大现在就犹如一头野兽，他身上那些非英雄的品质——傲慢、残忍和强迫症状逐渐开始显现，并愈演愈烈。

公元前331年，亚历山大在高加米拉战役中，以楔形攻势再次击败大流士，攻占了巴比伦。那些曾宣誓效忠于万王之王的各邦统治者迅速投降。已经丧失权威的大流士被他的一位名叫贝苏斯的将军刺伤，丢弃到路边。公元前330年，负责追击的希腊士兵发现了他。他们怀着怜悯之心，也可能是对他们追逃的敌人的尊敬，为这位万王之王从附近的泉水中取水解渴。贝苏斯自立为沙罕沙万王之王，但他的王位只是虚构的，只有少数几个边疆城邦在这位篡权者的控制之下。辉煌了220年的波斯帝国，曾经的古代世界最大帝国之一，在受尽了屈辱和背叛之后，轰然崩塌。

在对希腊人的进攻进行了最后的抵抗之后，波斯阿契美尼德王朝的都城波斯波利斯被占领了。据说，为了报公元前480年波斯人血洗雅典之仇，醉心于权力的亚历山大将这座大宫殿夷为平地。当第一把火点燃整座建筑之后，掠夺和大火开始蔓延至整个城市。祭司被杀，波斯妇女也被强迫嫁给士兵。琐罗亚斯德曾预言"充满愤怒的种族是头发蓬乱的恶魔"，现在波斯的圣人们意识到，恶魔就出现在这里。

就像他的前任国王大流士一样，贝苏斯被残暴而固执的亚历山大驱赶到现在的乌兹别克斯坦和阿富汗。在物资匮乏的沙漠当中，亚历山大骑马一路前进，不时地扶起倒下的士兵，让他们重新振作起来。在惨烈的战争年代，他极具号召力，不断鼓舞疲惫的士兵。最终，贝苏斯再也得不到任何援助。由于不再拥有军队，他不得不在希腊人进攻前烧毁庄稼，为延缓亚历山大的追击而做出最后的努力。令人讽刺的是，他被部下交给了希腊人。亚历山大命人割下他的鼻子和耳朵，给他戴上枷锁送回波斯处死，这是波斯对叛徒的惩罚。

这次横穿波斯进行远征的暴行，为亚历山大的军事征服蒙上了一层凶残的阴暗色彩。公元前332年，这种纯粹的嗜血行径同他在提尔围攻战中的冷酷无情相结合，他让士兵径直走入大海，即便海水没过脖子也不能返回，只有当潮水随风向而改变，这些士兵才能幸存，而这只是其他骇人听闻的大屠杀的开始。亚历山大拒绝投降，认为敌人坚不可摧的岛屿要塞是无法从陆地被攻破的，他包围并封锁了整个波斯海军的港口，在七个多月的时间里修建了一条从大陆通往港口的长堤，这是一个令人难以置信的建筑壮举，凭此他就可以让整个堡垒进入他的弹射器的攻击范围当中。提尔城很快就被攻破了，亚历山大将他的怒火倾泻到城里的居民身上。提尔城中死亡的4万名居民中，有2000人被钉死在海滩的十字架上，有4000人在战斗中被杀，仅有少数人被赦免，超过3万人被贩卖为奴。

这种令人难以置信的建筑工程和残忍血腥的报复行为在公元前327年印度北部的阿勒诺斯战

役中重演，亚历山大在这里用了七天七夜的时间搭建了一座临时的木桥来跨越峡谷，随后就进行了对阿瓦卡部落的大屠杀。在得知他们的祖先曾与阿契美尼德人合作的事情之后，说着希腊语的布朗寄达伊人张开双臂迎接亚历山大的到来，而其他的抵抗者则因为没能早些投降，或承诺保证亚历山大的军队能够安全通过，亚历山大把他们从高墙后引入马其顿方阵中，再用长矛将其杀死。

亚历山大犹如一头磨牙吮血的野兽，越来越多关于他劫掠、焚烧、奴役和杀戮的事件被记录在案。似乎他征战得越远，他的所作所为就越恶劣。

征战让希腊人获得了大量战利品，比如财富、女人和荣耀，但是他们逐渐开始厌倦这场无休止且远离家乡的战争，还有亚历山大日益增长的野心。这位来自希腊蛮荒腹地的君王开始身着波斯长袍，为军队训练波斯人，并坚持要求大臣们在波斯万王之王面前俯首称臣——这是对希腊人尊严的践踏，他们从不以向君主低头为荣。最重要的是，他现在希望被当作神来崇拜。

公元前328年，在一次饮酒欢庆会之后，积蓄已久的不满情绪终于爆发了。曾在腓力二世手下服役，并在战斗中救了亚历山大一命的马其顿老将，绰号"黑发"的克里图斯，在酒足饭饱之后突然转向亚历山大，怒不可遏地对他说，如果没有腓力的成就，他将一事无成，他现在所拥有的一切都是靠马其顿人的鲜血和生命换来的。亚历山大把一个苹果朝这位将军的头上扔了过去，然后又叫来自己的侍卫，要了一把匕首（或是长矛）。在场的人害怕事情变得一发不可收拾，迅速上前劝阻克里图斯，并试图让他们的君主冷静下来。克里图斯还没被众人拉远就又返回来继续发泄他的愤怒，而这次他踏上了一条不归路。终于，被激怒的亚历山大拿起一只长矛，刺向对方的心脏。

克里图斯是第一个挑战国王的人，但不是最后一个。公元前327年，一起针对亚历山大的阴谋被揭露出来，同谋者——他的王室侍从——被下令用石头砸死。后来，在这一年晚些时候，他又对他的传统支持者们进行了一次沉重的打击。卡利斯蒂尼是亚历山大导师亚里士多德的侄孙，也是亚历山大随行的众多史学家之一，他对亚历山大日益膨胀的虚荣心感到不满，并引用亚历山大所钟爱的《伊利亚特》中的一句话来嘲讽他："普特洛克勒斯是个比你强得多的人，不过他还是无法逃脱死亡。"简而言之——你不是上帝，你会像我们一样死去。亚历山大指控卡利斯蒂尼和那些侍从串通一气，并将他处死。

坚信自己是神的亚历山大认为人类被他征服完全是他们自身的需要。亚历山大率领带有叛变倾向的部队向印度进发。他们越过一座又一座山峰，一路攻城略地，最终换来了一场代价极其高昂的胜利，在印度河河岸上战胜了由波拉斯国王指挥的200头战象。这次征伐历经8年，跋涉2.2万公里，当季风季节到来时，洪水和疾病向这支军队袭来。不仅如此，军营里还流传着这样的谣言：印度不仅面积比他们之前听说的更广袤，而且军队比波拉斯还要强大。

在看到对国王提出批评的人的下场后，亚历山大的将军们谨慎地向他身边的贵族求助。亚历山大最信任的指挥官之一——科恩，恳求亚历山大让这些人回到他们家人的身边："我们已经取得了这么多了不起的成就，现在是不是应该准备收手了呢？陛下您也可以看到，从最初到现在，随您征战的军队已经所剩无几了……"他最后总结道："伟人之所以成为伟人，是他知道应该在何时停止。"

▲ 亚历山大城是古代世界上最繁华的城市之一，这幅画描绘了亚历山大建立亚历山大城

好战的国王勉强接受了他的建议。亚历山大在河岸上为狄俄尼索斯建造了一座神庙，并在此题词"亚历山大止步于此"，然后组建了一支舰队，踏上了漫长的归家之路。亚历山大大帝的征服以荷马的史诗《伊利亚特》为指南——一个关于胜利和征服的故事——并结束于另一部史诗《奥德赛》——一次绝望的归途。

在归途中等待着他们的还有更多的战斗、悲剧和胜利。在沿着印度河去往阿拉伯海的路上——从那里他们可以行至波斯南部的海岸——他们又同印度王国进行了旷日持久的战斗，许多人因此永远无法回家。公元前325年初，在与旁遮普马尔希人的一场战斗中，一架攻城梯在亚历山大身后倒塌，他被困在了敌人的城墙上，他的侍卫在下面惊慌失措，亚历山大险些丧命。亚历山大不断征服的梦想像打仗前的营火一样被浇灭，但他还是奋力战斗，直到一支箭射穿了他的肺——顿时鲜血直流，亚历山大的史官如是记录。亚历山大的医生为他进行了简单包扎，他脸色苍白、步履蹒跚地在河岸上从列队的军队面前走过，因为只有这样他们才会相信他还活着。

亚历山大派出一支部队前往波斯湾进行侦查，他带领残余军队穿过现今的伊朗俾路支省，那里人烟稀少，只有干旱的山丘和沙漠。他的手

被鲜血浸染的大地

亚历山大强大的帝国是如何逐年发展起来的，一些城市又是如何在他的带领下建立起来的……

整合（公元前335）
亚历山大统治的头两年，粉碎了希腊诸邦的叛乱之后，他的王位才得以稳固，并进入小亚细亚。

土耳其（公元前334—前333）
亚历山大的军队向土耳其海岸发起猛攻，占领希腊殖民者居住的城市，任命新的总督并开始征税。

斯巴达（公元前336）
希腊是唯一不受马其顿影响的地区，腓力二世曾给好战的斯巴达人发出信息，警告他们，如果可能的话，他会用武力夺取斯巴达，而其后果将不堪设想。而斯巴达人仅简单地回答"如果可能的话"。后来，腓力和亚历山大没有进攻他们。

亚历山大城（位于埃及）

埃及、利比亚、伊拉克、科威特、伊朗（公元前331）
在没有受到任何抵抗的情况下，亚历山大向埃及和利比亚的部分地区进军，之后继续穿过幼发拉底河和底格里斯河，打败了波斯人，赢得了巴比伦和美索不达米亚（今伊拉克和科威特）和波斯的大片领土（今伊朗）。

亚历山大的军队
古希腊人是如何战斗和征服的

▲ 这幅画描绘了亚历山大大帝指挥他的军队与一支印度军队战斗的场景

01 伙伴骑兵

优势
训练有素的楔形阵型，转弯便捷，装备重型青铜盔甲。

劣势
易受到密集步兵攻击。

亚历山大是如何进行部署的？
由亚历山大亲自率领的伙伴骑兵队是马其顿不可阻挡的骑士。他们通常被部署在右翼，用他们的绪斯同骑枪刺穿敌人的防线，然后再转身向敌军后方冲锋。

02 贴萨利重骑兵

优势
训练有素，钻石阵型，机动性强，配备多种武器。

劣势
盔甲要轻于大多数重骑兵。

亚历山大是如何进行部署的？
与伙伴骑兵相似，贴萨利骑兵盔甲较轻，长矛和骑枪较短，因此是有效的防御单位。他们被部署在左翼，可以前往任意地点进行支援，击退敌人的进攻。

03 重装步兵

优势
技术全面，适应性强。

劣势
低度训练，装备轻型装甲。

亚历山大是如何进行部署的？
重装步兵是其他希腊城邦的士兵，也是军队的主要基石。重装步兵用途广泛，但他们不一定训练有素或装备全重甲，重装步兵被部署在方阵后面，以防止被敌军包围。

04 方阵

优势
方阵训练有素，移动迅速，能够对骑兵造成致命打击。

劣势
侧翼和后方易受到攻击，轻装上阵。

亚历山大是如何进行部署的？
由亚历山大的父亲创建，训练有素，移动迅速，手持18英尺长的"撒利沙"长枪的长枪手，组成马其顿方阵进行战斗。方阵被部署在战线的中央，可以向前冲锋以牵制敌军的骑兵或步兵。

05 剑盾兵

剑盾兵是亚历山大的近距离突击部队。

优势
技术全面，擅长近战，训练有素的老兵。

劣势
易受骑兵和步兵的攻击。

亚历山大是如何进行部署的？
马其顿的精英突击部队，剑盾兵手持巨大的圆盾，使用长矛和剑进行攻击，被部署在步兵的侧翼，负责保护。在近距离具有强大的杀伤力。

06 轻骑兵

优势
容易替换，配备弓箭。

劣势
武器和训练多样，装备皮革或亚麻布轻甲。

亚历山大是如何进行部署的？
由来自其他希腊国家的轻装和重装骑兵，同征召入伍的亚洲当地骑兵组成的联合部队。依靠武器和训练，亚历山大逐渐像希腊重骑兵一样信赖他们。

波斯之门伏击战（公元前331年）

亚历山大转败为胜，占领了波斯的首都。

如果失败，亚历山大占领的波斯很可能被马其顿国王和篡位者贝苏斯瓜分，很容易受到来自中亚叛乱者的入侵。

尽管在波斯伏击战中遭遇了罕见的惨败，亚历山大还是利用当地有利的地形以及顽强的散兵对波斯人发动伏击，然后用他的两支部队消灭了他们。历史学家称这次胜利是"彻底的"和"决定性的"，这使他能够毫无异议地占领古代首都波斯波利斯，并为自己攫取大量财富。他一离开这座城市就把它夷为了平地。

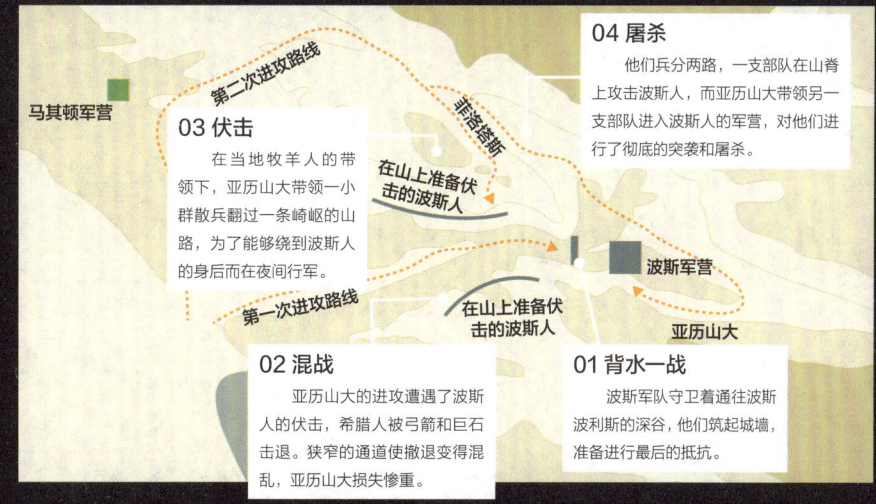

下穿着破旧的草鞋在灼热的沙子里跌跌撞撞地走着，他们气喘吁吁地想要喝水，强烈的阳光照得他们睁不开眼睛，最后成百上千地死去。公元前324年，他们到达波斯的城市苏萨，回到曾被他占领的帝国中心，命运对他的审判仍在继续——他儿时的挚友、忠诚的将军赫费斯提翁去世了。同年8月，他军队中的马其顿人发生叛变。亚历山大安抚了马其顿人，但是失去挚友所带来的悲伤却不是那么容易就能平复的，因为赫费斯提翁是"用我自己的生命来珍惜的朋友"。

亚历山大在父亲去世的时候，梦想是征服波斯，而公元前323年因发热而病倒的时候，他当初的梦想已经变得更加宏大。他本想在有生之年，带领马其顿方阵继续向南进攻阿拉伯，向西进攻迦太基和罗马。"谁来领导我们？"他的追随者们在即将死去的国王耳边低问。"让最强者继承"，他回答道。随着他的逝去，这个伟大的帝国也分崩离析。

亚历山大周围的人根本无法企及他的战术天才、超凡的领导力、不朽的遗产和对战争的狂热。或许在他看来，他已经无与伦比地超越了周围所有人。他从未在战争中被打败，一个原因是他的战术技巧、卓越的领导能力和军事才华，另一个原因就是他随时准备付出生命的决心。

希腊众神的故事之所以能够经久不衰，不仅仅是因为他们展现出的英雄主义和伟大的理想，还因为他们都是有缺陷的人——一出宇宙级别的肥皂剧。就像争论不休的奥林匹斯山诸神，亚历山大大帝是暴力的、虚荣的、心胸狭隘的和愤世嫉俗的，但他最终克服了万重困难，通过智慧、魅力、军事才能和意志力实现了惊人的壮举。他的人生经历被众多帝王所敬仰，他的战术被其他领袖研究了两千多年。在中东，"被诅咒的亚历山大"的残暴故事仍在他所侵略过的土地上流传。无论是与非，他依然给后人留下了无数传奇事迹。

▼亚历山大与大流士之战,彼得罗·达·科尔托纳绘

汉尼拔·巴卡

用智慧和战象征服罗马。

公元前202年10月，两支军队在扎马摩拳擦掌，准备开战。一边是罗马人，另一边是迦太基人。这场战役关系到迦太基的存亡。迦太基人的指挥官汉尼拔·巴卡，被紧急从意大利召回来保卫家乡。罗马人的指挥官——年轻的西庇阿，骑马来到两军之间的无人区与汉尼拔会面。汉尼拔问道："罗马人会对谈判感兴趣吗？如果不战就能实现和平，为什么还要冒险去打仗呢？"西庇阿直接回绝，他说："迦太基已经恶意利用了之前的停战协定，把你召回非洲，重新指挥军队。"西庇阿指责汉尼拔试图从迦太基的背叛中牟利。

罗马和迦太基这两个庞大帝国的命运只能由一次军事战争来决定。将军们回到士兵们身边，让他们做好战斗的准备。汉尼拔最后一次为他的人民而战。尽管他在意大利驰骋疆场16年，并在那里取得了辉煌的胜利，但他未能击败罗马。

汉尼拔早在公元前247年与罗马的第一次布匿战争之前，就踏上了前往扎马之路。两国间的霸主之争持续了20多年，直到迦太基最终屈服于罗马强大的海军。迦太基在埃加迪群岛海战中战败，被迫接受了得胜的罗马人提出的屈辱的和平条件。罗马帝国剥夺了迦太基在西西里岛的领地，并逼迫其向罗马支付巨额赔款。西西里岛是在长达几个世纪的殖民统治下建立起来的。

更糟糕的是罗马人之后傲慢自大的行为。公元前238年，他们借口迦太基正在策划再次对罗马人发动袭击，进而占领了撒丁岛。然而，当时迦太基被一场与前雇佣军的残酷战争分散了注意力，无法阻止罗马人的进攻。

这场战争中最重要的人物是哈米尔卡·巴卡，他是迦太基在第一次布匿战争后期的主要将领。哈米尔卡在西西里岛将罗马人打得落花流水，他

▲ 汉尼拔从9岁起就陪伴父亲哈米尔卡参加竞选活动

▲ 扎马战役是历史上最著名的战役之一。这幅绘画完成于 16 世纪

家族财富

"巴卡"不是哈米尔卡和他儿子的姓。它很可能是一个昵称，来自布匿语"巴拉克（baraq）"，意思是"闪电"。哈米尔卡以指挥军事行动迅速著称，很可能因此得到了这个称号。

一个军事王朝

汉尼拔·巴卡

汉尼拔占领了西班牙的迦太基领土，率领一支训练有素的雇佣军从西班牙出发，穿过高卢，进入意大利。尽管他战胜了几支罗马军队，取得了辉煌的胜利，但他却没有能力彻底打败罗马。他试图阻止迦太基在扎马的最后失败，最终却败给了西庇阿。

哈米尔卡·巴卡

汉尼拔的父亲哈米尔卡是迦太基在第一次布匿战争中最优秀的将军，他巧妙地指挥了对罗马军队的进攻，但最终的失败让他很痛苦。公元前 238 年，在镇压了一场规模宏大的雇佣军起义后，他开始增加迦太基在西班牙的资产，但在他开始向罗马人复仇之前就被杀害了。

哈斯德鲁巴·巴卡

他是汉尼拔的弟弟，是迦太基在西班牙的主要将领之一。公元前 208 年，他在巴埃库拉被西庇阿打败，但仍设法带领军队向汉尼拔在意大利的援军进发。他在公元前 207 年的梅陶罗河战役中被杀。

马戈·巴卡

他是哈米尔卡最年轻的儿子，在西班牙指挥迦太基军队，公元前 206 年，他在伊利帕被西庇阿打败。不久之后，他从西班牙撤出，并在意大利北部建立起第二条战线，以对抗罗马。他在公元前 203 年被召回迦太基去阻止西庇阿，但在途中死于

从厄里克斯山基地出发，对周围的罗马人发动了大胆的打完就跑的游击式袭击。然而，迦太基政府决定接受罗马人提出的条件求和，这是一个令人震惊的决定，哈米尔卡拒绝承认失败。

在与罗马的第二次战争中，哈米尔卡试图恢复迦太基的地位。然而，他首先需要重建迦太基军队，这支军队在与罗马的战争中遭受重创。他的计划是去西班牙，在那里他将扩大迦太基的土地和财产，并招募强硬的西班牙部落成员参加战斗。迦太基的军队长期以来都是由来自地中海各地的雇佣军组成。只有指挥官是迦太基人，其余均是外国人。他们来自非洲、西班牙、高卢和巴利阿里群岛，被迦太基人提供的高额报酬所吸引。其中最优秀的战士是来自北非努米底亚的精锐轻骑兵。罗马人在战争中处于非常不利的地位，直到他们找到了招募努米底亚人的方法。

迦太基拥有大量的财富。迦太基人被罗马人称为"布匿人"，因为他们的祖先最初来自腓尼基。然而，在与罗马的战争之后，由于资金短缺，迦太基被沉重的战争赔款压得喘不过气来。为了寻找急需的白银和领土，哈米尔卡于公元前237年率领探险队来到伊比利亚半岛。他相信他们一定会取得成功，因为他们在离开之前参加了一个神圣的仪式：把一个活人献祭给神。哈米尔卡把他9岁的儿子汉尼拔带到祭坛前，让他把手放在被害者的血上，发誓永远仇恨罗马人。据说这个小男孩背诵了如下誓言："我发誓，长大成人后，我会用火和钢铁来终止罗马的命运。"这是年轻的汉尼拔信守的诺言。

父子俩一起向伊比利亚航行，他们的军队残酷地镇压了西班牙人。哈米尔卡杀死了许多人，并招募了一些人加入他的军队。他还提高了西班牙矿山的生产率，将大量的白银运往迦太基。有了这笔钱，哈米尔卡可以轻易地收买雇佣军来壮大他的军队。然而，哈米尔卡未能领导这支向罗马复仇的军队。公元前228年，他遭到了西班牙盟友的背叛，并在逃跑的过程中死去。迦太基在西班牙的军队最终归于汉尼拔，汉尼拔是在他父亲领导的士兵中长大的，士兵们对他忠心耿耿。他加强了迦太基在半岛上的统治地位，但后来在攻打罗马的友邦萨贡托时遇到了麻烦。虽然他很快占领了它，但他的侵略导致罗马在公元前218年对迦太基宣战。

汉尼拔认为可以通过瓦解共和国的盟国的方式来打败罗马，因为很多盟国都是刚刚被罗马以武力的方式征服的，因此他很快实施了入侵意大利的计划。由于罗马人在第一次布匿战争中赢得了对海洋的控制权，汉尼拔不得不通过漫长的陆路，穿越高卢，去攻打意大利。他率领5万名步兵、9000名骑兵和一小群战象离开了西班牙。穿越南高卢的长途跋涉非常艰难，一路上他遇到了敌对的高卢部落，他们重创了他的军队。他跨过了水流湍急的罗讷河，然后穿过了阿尔卑斯山——意大利的传统边境。

汉尼拔的军队为翻越阿尔卑斯山付出了沉重的代价。当他到达另一边的低地时，他只剩下1.2万名非洲士兵，8000名西班牙人，6000名骑兵，仅存的战象也屈指可数。汉尼拔损失了一半以上的兵力才到达意大利，面对人数明显优于自己的罗马人，他能做什么呢？接下来发生的一切证明了汉尼拔·巴卡不愧为有史以来最伟大的军事家之一。

在公元前218年的特雷比亚河战役中，汉尼拔假装在急于求成的罗马人面前逃跑，罗马人轻率出击对他紧追不舍。罗马人并不知道，汉尼拔早已命令他的弟弟马戈·巴卡，巧妙地部署了大约1000名骑兵和1000名步兵，隐蔽在沼泽芦苇后面。当罗马人经过时，迦太基人伏击了他

> **他打败了三支罗马军队，给罗马人造成了巨大的伤亡，但罗马人总能组建起新的军团。**

们。罗马人被打了个措手不及，他们的4万军队被击溃，只有1万人活着逃出了陷阱。

更糟的还在后头。公元前217年，汉尼拔在特拉西蒙湖与罗马军队正面交锋。根据历史学家李维的记述，这场战斗"到处充满着野蛮的杀戮"。面对领导有方的迦太基军队，仅凭英勇还不足以扭转局势。罗马将军盖乌斯·弗拉米尼乌斯和他的1.5万名部下被杀，而迦太基人的军队也损失了2500名士兵。为了赢得当地人民的支持，汉尼拔开始释放非罗马籍的意大利战俘。罗马人震惊了，并且遭受沉重的打击，他们开始明白汉尼拔并不是一位普通的将军。他们任命昆图斯·费边·马克西姆斯为独裁官，这一职位拥有巨大的权力，只有在紧急情况下才能启用。

汉尼拔继续向南进军，在意大利各地制造混乱。费边总是尾随在他后面，拒绝与战无不胜的汉尼拔正面作战，反倒是干掉了掉队的迦太基人，或者打了一些小仗来恢复罗马人的信心。这一战略虽然谨小慎微却非常实际。但也引起了激进的罗马人的不满，他们想再次挑战汉尼拔。他们称费边为"cunctator"（意为"迁延者"），因为他不愿在战场上正面对抗敌人。尽管罗马恢复了经济，但费边六个月的独裁官任期并没有得到延长。

第二年，一支大约由8万人组成的规模空前的罗马军队，在意大利南部的坎尼与汉尼拔展开了激战。罗马人向前推进，直至深入迦太基的中心地带，那里的迦太基人似乎要撤退了。然而，这一切都是汉尼拔狡诈计划的一部分，当罗马人向前推进时，他们的军队从两翼被包围。罗马人被困成一团，连剑都挥不动，如同死人一般。"有些人被发现时还活着躺在那里，"李维写道，"他们的大腿和手腱被割开，脖子和喉咙裸露出来。"仅这一天，就有5万罗马人死亡。

在坎尼战役之后，汉尼拔的骑兵指挥官马哈巴尔强烈建议他进攻罗马。但是汉尼拔并没有立即向罗马进军。一方面，迦太基军队疲惫不堪，损失了数千人。他打败了三支罗马军队，给罗马人造成了巨大的伤亡，但罗马人总能组建起新的军团。另一方面，汉尼拔为赢得这些战役牺牲了不少士兵，迦太基军队十分虚弱，围攻罗马的战术很难实现。

当汉尼拔拒绝听从部下的建议时，沮丧的马哈巴尔说："你知道怎样打赢一场战争，汉尼拔，但你不知道如何利用胜利。"这个决定是他最具争议的决定之一。如果他在坎尼战役之后不久就立即围攻罗马的话，罗马很可能已经落入迦太基人的手中。相反，罗马人找回了继续战争的动力，总的来说，罗马的盟友们是站在他们这一边的。

坎尼战役之后，汉尼拔在意大利并未取得绝对优势。公元前216年，卡普阿城守军向罗马人投降，公元前212年，塔伦托姆也被攻占。这些都是零星的胜利，来自迦太基的援军非常有限。罗马人没能把汉尼拔逐出他在意大利南部的基地，但汉尼拔也没能打败罗马，所以双方僵持不下。

战争开始时，精明的罗马人派遣军队到西班牙向那里的迦太基人施压。汉尼拔急于在意大利对付罗马人，留下了一块尚未完全平定的领地，

▲ 迦太基人必须带领他们的大象穿过危险的欧洲大陆，包括非常宽阔的罗讷河

罗马在那里找到了愿意赶走迦太基人的盟友。罗马人在西班牙遭到惨败，但这次出征也成为了一个罗马将军的训练场，后来证明他在军事技能上可以与汉尼拔匹敌，他就是西庇阿。父亲和叔叔被杀后，年仅25岁的西庇阿接管罗马军队。他并不是一个稚嫩的青年，而是一个在坎尼战役中身经百战的勇士。

公元前209年，西庇阿在一次突袭中占领了迦太基人在新迦太基城的主要据点，又在巴埃库拉战役中击败了汉尼拔的兄弟哈斯德鲁巴·巴卡。随后在公元前206年的伊利帕战役中战胜了哈斯德鲁巴·吉斯戈和汉尼拔的兄弟马戈。与此同时，西庇阿增强了士兵的作战能力，采用了新的战术，最终使罗马人的军事力量超过了迦太基人的雇佣兵。

当汉尼拔还在意大利的时候，罗马基本上已经从之前的失败中恢复过来。此时的汉尼拔对罗马的进攻再无其他建树，而西庇阿正在成长为罗马历史上最优秀的将军之一。马戈在公元前205年完全退出西班牙，而西庇阿统治了这个国家。这也鼓励了努米底亚王子马西尼萨，他转向支持罗马。西庇阿后来启用了马西尼萨带来的优秀骑兵，这大大弥补了罗马骑兵的弱点，长期以来，罗马骑兵在与迦太基人的战斗中一直处于劣势。

公元前208年，迦太基人发起了一场对汉尼拔的援助，但援助并不是直接来自迦太基，而是来自汉尼拔的兄弟——哈斯德鲁巴·巴卡，他逃脱了西庇阿的围堵，并把自己的军队带出了西班牙。他循着哥哥的足迹，穿越南高卢，并于公元前207年到达意大利。在南部，罗马军团被哈斯

扎马之战：从未有过的战争？

约赞·莫西格教授解释了这场战役为什么会有这么多的疑点。

关于扎马之战，还有哪些信息是我们不知道的？

没有人能找到战斗发生的确切地点。虽然有人提出地点可能在突尼斯西南约150公里处，靠近西利亚纳的扎马村（Jama）和一些其他的备选村庄，但均没有经过考古证实。在第二次布匿战争期间，其他进行过主要战斗的地点都相当确定，但扎马战役的地点仍然未知。罗马人喜欢在原地竖立纪念碑以纪念他们伟大的胜利——这里甚至连一根柱子、一座雕像或一片废墟都没有。

历史记载中关于扎马之战的记录是否有需要纠正的地方？

关于经典的扎马之战有很多奇怪且自相矛盾的叙述。战斗的过程缺乏想象力，让人不禁怀疑这是否像汉尼拔或西庇阿这样的一流军事家所做的事。它读起来更像是一个缺乏伟大军事远见的作家的发明创作。关于这80头大象的记述就不可信，因为在之前的尤蒂卡和大平原战役中，就从未出现过数量这么多的大象。

最早有关迦太基布匿军事港口记录的年代是公元前2世纪而不是公元前3世纪，这就产生了一个悖论，导致了对历史记录内容的进一步怀疑。赫斯特说，在他对迦太基的考古发掘中，这个港口建于公元前201年到公元前146年之间，也就是战争结束后。正如阿卜杜勒阿齐兹·贝勒霍贾（Abdelaziz Belkhodja）在其著作《汉尼拔·巴卡：扎马的真实故事和谎言（*Hannibal Barca: L'histoire Veritable Et Le Mensonge De Zama*）》（2014年出版）中所说的那样，这使得人们对和平条约的真实性产生了严重的怀疑，在扎马战败后，迦太基被要求签署和平条约。该条约可追溯到公元前201年，它规定迦太基海军军舰的数量必须限制在10艘之内，但该港口却有220个泊位，这意味着至少该条约的条款是虚构的。如果战争以向罗马让步的和平协议结束，而不像汉尼拔在会见西庇阿时提议的那样解散布匿海军，那么就不需要进行最后的决战。这样的话在战后建设军事港口才有意义，就像虚构的战争没有纪念碑来标记其发生的地点一样。因此，扎马之战可能是罗马人为了宣传而人为编造的，目的是抚平汉尼拔在意大利的不败战绩给他们带来的自尊心上的创伤，尤其是他们在坎尼的失败，这使得他们有必要制造一种取得胜利的假象。

▲ 第二次布匿战争的最后和高潮阶段可能是罗马人宣传的结果

▲ 这幅创作于 15 世纪的意大利绘画体现了"高贵的野蛮人"的古典思想

德鲁巴和他哥哥夹在中间。但罗马人不待完成集结就袭击了哈斯德鲁巴，粉碎了他在梅陶罗河沿岸的军队，歼灭了其大约一万名西班牙和非洲雇佣兵。当罗马人把哈斯德鲁巴的头扔进汉尼拔的军营时，汉尼拔才知道自己的弟弟已经阵亡。"现在，终于，"汉尼拔一脸严肃地说，"我看到了迦太基平原的命运！"

西庇阿把迦太基人从西班牙赶走后，在西西里组建了一支庞大的军队，并于公元前204年把军队带到非洲，与迦太基展开最后决战。登陆后，西庇阿包围了尤蒂卡城，并击败了一支庞大的迦太基军队。西庇阿的努力最终取得了成功，迦太基被迫向罗马求和。

公元前203年，当人们在休战协议下讨论和平条款时，汉尼拔和他的兄弟马戈（当时正在意大利北部）被召回国。

据说汉尼拔听到这个召回令后非常愤怒，他愤愤不平地说，他在意大利与罗马人作战的16年里，政府没有支持过他。然而，归根到底，汉尼拔只能责怪他自己。多年前，他曾鲁莽地向萨贡托进发，在迦太基还没有完全准备好发动战争的时候，他就发动了一场同罗马的战争。他率领一支规模不大的军队入侵意大利，无论他能打多少场胜仗，都无法打赢那场战争。

在坎尼战役之后的许多年里，在其他地方，

> 罗马人不能将汉尼拔逐出他在意大利南部的基地，而汉尼拔也无法打败罗马。

如西西里和西班牙，当事态发展严重时，他除了坚持自己的立场外，已经无能为力了。锡拉库扎城于公元前215年落入迦太基之手，三年后于公元前212年被占领，而西班牙于公元前205年完全被罗马人占领。

卡普阿于公元前211年被罗马人重新占领，塔伦托姆则于公元前209年被占领。随着时间的推移，汉尼拔的军队每况愈下，而罗马人在意大利南部则招募了更多的军团来牵制汉尼拔。随着罗马离最终的胜利越来越近，汉尼拔在意大利的盟友开始离他而去。汉尼拔被迫在意大利西南端的布鲁顿寻求最后一次避难，直到他被召回。

汉尼拔回到了非洲（马戈在回家的路上死在了海上），这使迦太基政府在一定程度上恢复了信心，同罗马的和平谈判也破裂了。战争又开始了，汉尼拔被派去指挥迦太基残余的军队。他有一支约4万人的军队，其中包括他从意大利保留下来的最优秀的部队，以及他能召集起来的所有力量，包括一些战象，公元前202年，汉尼拔在现今突尼斯的扎马与西庇阿交战。令他担忧的是，他在骑兵方面比西庇阿弱，西庇阿有4000名马西尼萨的努米底亚精锐骑兵的帮助。

在随后的艰苦战斗中，罗马人战胜了迦太基人。经过多年的战争，罗马人在战术上有了很大的改进，不再是简单地向敌人发起冲锋。当汉尼拔的战象从他们的队伍中闯过时，西庇阿的士兵敏捷地闪开，然后包围并杀死了这些庞然大物。汉尼拔的军心动摇了，然后当罗马和其盟军的努米底亚骑兵掉转方向攻击他们的后方时，他们崩溃了。迦太基军队被瓦解，汉尼拔被迫逃离战场。

迦太基政府再次求和，公元前201年，17年前开始的漫长战争正式结束。后来汉尼拔为恢复迦太基的经济做了很多工作，以便能够赔付罗马人强加给他们的巨额赔款。罗马人默许迦太基

为什么迦太基没有为汉尼拔提供更多支援？

在坎尼战役后，迦太基政府不愿派援军去支援汉尼拔。在意大利，迦太基并没有团结一致给予汉尼拔支持，与罗马人进行殊死搏斗时，许多迦太基的重要人物更倾向于将新招募的雇佣军派往其他地方，尤其是西班牙，当时西班牙正遭受罗马军团的攻击，并且希望在西西里岛重建他们在第一次布匿战争后失去的阵地。汉尼拔在坎尼大获全胜后只得到一次增援，公元前215年，他获得了相当数量的军队。

我们可以认为罗马无法凭借其海军力量阻止迦太基为汉尼拔提供援助。虽然罗马有更强大的海军，但它并没有强大到可以阻断布匿所有的海上通道。在公元前215年和公元前207年迦太基成功地向西班牙派遣了增援部队。公元前213年和公元前212年，还开通了一条前往西西里的道路。公元前205年，汉尼拔的兄弟马戈和他的军队乘船从西班牙到意大利北部，公元前204年，他得到了迦太基的增援。很明显，迦太基人可以通过海路增援汉尼拔。他们只是有意识地决定不这样做。

汉尼拔在迦太基的政治对手指出，尽管汉尼拔在意大利取得了辉煌的胜利，但他未能将罗马的拉丁盟友——罗马权力的基础——从共和国中分离出来。因此，他们认为汉尼拔在公元前218年进入意大利时，还不能完全战胜罗马。对于大多数迦太基的公民领袖来说，尽管汉尼拔发挥了作用，让大量罗马士兵在坎尼战役之后被牵制到意大利战场，但他在争夺西班牙、西西里岛、科西嘉岛和撒丁岛这些更重要的战役中丧失了主动权。

▲ 无论对人还是动物来说，翻越阿尔卑斯山都是一段艰苦的旅程

的反巴卡家族势力将汉尼拔驱逐出城，但汉尼拔从未放弃与罗马的斗争。公元前191年，他代表塞琉西王国的安条克国王指挥舰队对抗罗马人。

在罗马最终战胜塞琉西王国之后，汉尼拔来到了小亚细亚的比提尼亚王国。罗马人在那里找到了他，并迫使国王将他引渡到罗马。普尔西亚斯国王同意了，在大约公元前183年，国王派遣士兵到汉尼拔的家中将他逮捕。汉尼拔深知一旦落入罗马人之手，他将面临怎样的命运，于是服毒自尽，古代最伟大的将军之一就这样终结了他的一生。

▲ 据说汉尼拔服下了藏在一个特殊戒指里的毒药自尽了

罗马的至暗时刻

坎尼战役是罗马军队所遭遇的最彻底的失败之一。至少在一段时间内，罗马人被狡猾的汉尼拔·巴卡和他的军队在特雷比亚河和特拉西蒙湖战役中打得落花流水。他们对如此惨败的结果感到震惊，决定遵循独裁官昆图斯·费边·马克西姆斯的指挥，采取谨慎的军事策略。然而过了一段时间，他们再也不能忍受迦太基军队在意大利肆无忌惮的掠夺行径。他们坚持要再次与汉尼拔进行激战。

公元前216年，罗马人选举了执政官，以期将汉尼拔绳之以法。他们是卢基乌斯·埃米利乌斯·保卢斯和他的同僚盖乌斯·特伦修斯·瓦罗。他们的军队总计约有8万人。公元前216年7月下旬，这支庞大的军队向身处意大利东南部普利亚的汉尼拔进军，并在坎尼找到了他。罗马人的两个执政官轮流交替指挥他们的军队，这让事情变得更加困难。今天是保卢斯指挥，明天是瓦罗指挥，并依次交替。公元前216年8月2日，战斗当天的总指挥权掌握在瓦罗手中。

当时罗马人的作战战术非常简单，就是直接向敌人猛攻，凭借蛮力将敌人击垮。罗马军团士兵是技术高超、效率极高的杀手，他们以重步兵的形式分等级作战。相比之下，在坎尼的迦太基军队则是来自地中海世界的各种军队的混合体。也许汉尼拔最伟大的才能就是把这些人组织成一支有凝聚力的、能打胜仗的战斗力量。他充分利用了他所能支配的各种部队。他知道位于战线中心的高卢人和西班牙人可能会被罗马步兵的冲锋击退，于是他把他们安排在自己军队两翼的前方。发起冲锋时，罗马军团击退高卢和西班牙的士兵，成功地冲了进去，结果却发现这样做反而让他们自己陷入了包围圈当中。8月2日这天，战场上血流成河，将近5万名罗马人战死沙场。

▲ 罗马人遭到汉尼拔雇佣军的包围和屠杀

开战

哈斯德鲁巴的骑兵从罗马右翼驱赶罗马人的战马。与此同时，马哈巴尔指挥努米底亚人在罗马人的左边与意大利联盟骑兵作战。当步兵团接近时，他们互相投掷标枪。战斗变成了肉搏战，十分激烈。罗马人开始把高卢人和西班牙人向后方逼退。

罗马人进军

约 8 万罗马人在他们的执政官盖乌斯·特伦修斯·瓦罗和卢基乌斯·埃米利乌斯·保卢斯的带领下，满怀信心地接近迦太基人，企图碾碎他们。瓦罗在罗马人的左侧，与意大利联盟骑兵并肩作战；保卢斯则在罗马人的右侧，与罗马骑兵并肩作战。

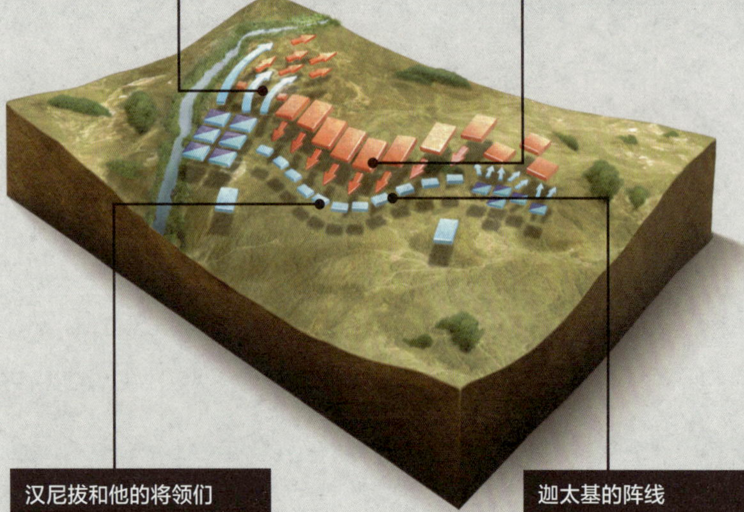

汉尼拔和他的将领们

汉尼拔和他的兄弟马戈与高卢和西班牙的步兵在战场中间。哈斯德鲁巴指挥着高卢和西班牙的重骑兵在布匿的左翼，而马哈巴尔则在右翼指挥着努米底亚的轻骑兵。

迦太基的阵线

汉尼拔将他军队的 4 万步兵和 1 万骑兵组成了一个凸线阵地。迦太基的中心突出于左右两翼，左侧与奥菲多斯河相接。汉尼拔将强大的骑兵部队部署在两侧，将高卢和西班牙的步兵置于其中。非洲步兵在后方镇守。

汉尼拔的雇佣兵

努米底亚人

努米底亚人为汉尼拔提供了极其出色的轻骑兵。在骑马向敌人发起冲击的同时，不穿盔甲的努米底亚人同时会投掷标枪，后撤，然后再次发起攻击。

伊比利亚人（西班牙人）

伊比利亚的西班牙步兵身穿白色束腰外衣，手持小圆盾。他们的传统武器是弯刀和标枪。

利比亚腓尼基人

来自北非的利比亚腓尼基人说布匿语，但不是迦太基公民。他们身穿盔甲，主要使用长矛和大盾牌作为重步兵作战。经过坎尼战役，许多人重新装备了缴获的罗马武器和盔甲。

围攻

在迦太基左翼的哈斯德鲁巴变换骑兵阵型，转过身来从后方攻击瓦罗指挥的意大利联盟骑兵，迫使其四散奔逃，努米底亚人紧追不舍。哈斯德鲁巴接下来又袭击了罗马步兵的后方。

双方军队

迦太基军队

罗马军队

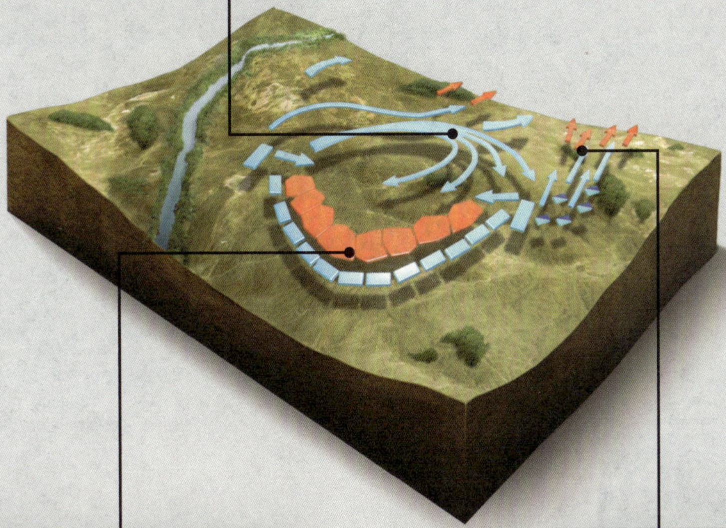

罗马人的突围？

步兵的战斗形势似乎是按照罗马人的方式进行的，罗马军团追击面前的敌人，并最终取得突破。然后，汉尼拔的非洲步兵向内部移动，攻击两侧疲惫无序的罗马军团。高卢人和西班牙人变换阵型后重新投入战斗。

屠杀

一场大屠杀随之发生，布匿的绞索勒紧了在劫难逃的罗马人。有些士兵甚至不能挥舞他们的剑，因为他们被紧紧地捆在一起。执政官保卢斯被杀，经过一天的残酷杀戮，大约有 5 万罗马人阵亡，迦太基军队中还有大约 8000 人丧生。

高卢人

高卢的部落为汉尼拔进行了大规模的战斗。他们的步兵使用大盾牌和长剑作战。许多人身穿锁甲，但也有一些人赤膊战斗。

迦太基人

迦太基公民很少在军队服役，通常只担任军官。失败的将军通常会被钉在十字架上处死。

凯尔特人（西班牙人）

凯尔特新移民和当地西班牙人的融合构成了凯尔特人，他们通常挥舞直剑，手持大盾，并佩戴盔甲。

巴利阿里群岛人

汉尼拔军队中来自巴利阿里群岛（马霍卡岛和梅诺卡岛）的无甲投石兵各携带三枚不同长度的投石器，拥有不同的攻击射程。

尤利乌斯·恺撒

这位有魅力的强人承诺要使罗马再次成为伟大的国家，最终却使自己成为终身独裁者。

尤利乌斯·恺撒出生于公元前 100 年 7 月，那时罗马历中的昆提利斯月还没有改为带有恺撒家族姓氏的朱利（July）月。迦太基灭亡于公元前 146 年，希腊东部的叛乱被平定后，罗马共和国统治着整个地中海，但并非一切顺利。

几个月后，一场政治骚乱导致了罗马广场的大屠杀。然而，这样的暴力事件并不是第一次发生。公元前 133 年，一位受人爱戴的名叫提比略·格拉古的政治家和他的许多支持者被残忍地殴打致死。

更糟糕的事情接踵而至。在恺撒 12 岁时，一位心怀不满的名叫苏拉的将军带领他们的军团进入了罗马，控制了这座城市，杀死了反对者。随后苏拉离开，与本都（现土耳其北部）的国王米特拉达梯作战。仅仅一年之后，罗马又遭到了另一支军队的袭击，这一次是由逃跑的敌人领导的，他们重新集结并反攻回来进行血腥的报复。

苏拉从本都凯旋时，内战的规模和残酷程度已经扩大。他在公元前 82 年重新夺回罗马城，并在集会上发布了命令：任何人都可杀死死亡名单上的人，把他们的头颅交给当局，就可以得到死者的一部分财产。

年少的恺撒娶了苏拉的主要对手之一秦纳的女儿科涅莉亚为妻，后来他因拒绝与她离婚，被判死刑。几个月来，他活得就像一个被追捕的逃犯，直到他凭借家庭关系——还有一个简单的事实，那就是太年轻，太不出名，不值得被处死——得到了一直盼望的赦免。

和今天的英国一样，罗马共和国没有正式的宪法，而是依靠法律、传统和习惯的结合来维持公共生活的运转。恺撒曾冷嘲热讽"共和国什么都不是"，然而，传统的观念还是指导了罗马的大部分行动，即没有任何个人或团体应该拥有永久的、至高无上的权力，这是根本。国家的高级行政官员是两名执政官，他们的任期只有 12 个月，并且 10 年后才有资格再次竞选这个职位。在紧急情况下，比如公元前 218—前 204 年第二次布匿战争期间，汉尼拔·巴卡进攻意大利附近时，罗马任命了一位独裁官。在长达六个月的时间里，独裁官在没有任何同僚的情况下领导国家。

苏拉上台后恢复了这一头衔，凭借军事力量夺取了权力。他进行了一系列改革，旨在通过确认公共生活的旧传统和恢复元老院的威望和影响力来实现长期的稳定。苏拉尽其所能使国家机器重新运转，并将他的支持者安排进了元老院，之后他辞职过起了隐居生活。恺撒嘲笑他这样做是"政治文盲"。

苏拉隐退后过着平静的生活，而罗马却没有这样的好运。这位独裁官的一些改革措施在十年内就被推翻了，没有人能消除内战的记忆——讲坛上钉着被砍下的头颅，台伯河上漂浮着尸体。恺撒和他的同代人目睹了这一切。

恺撒拒绝离婚，因而被判处了死刑。

苏拉隐退后不到一年，一位执政官发动了一场失败的政变，并被处决。像恺撒、西塞罗和庞培这样的人都知道，公共生活可能随时会变得暴力，他们的对手很容易诉诸武力。因此，恺撒并没有推翻一个健康稳定的共和国，而是努力应对维系一个不断扩张的国家所带来的压力。

现在看来，人们认为苏拉和其他人可能已经预见到了恺撒的独裁统治。当时的罗马不像我们今天所理解的政党——不能多人共享一个职位。候选人很少提出各种政策，只是夸耀自己的个人能力和成就。

选民们倾向于支持少数贵族家族建立的"品牌效应"，这些贵族家族为罗马培养了大部分执政官。其背后的逻辑是，如果一个人的父亲、叔叔或兄弟曾为国家做出过杰出的贡献，那么他也会有同样的能力为国家做出贡献。成功孕育了成功，因为身居高位会带来财富，也更容易将一个家庭的成就发扬光大。很多人因为过去受到的帮助而陷入人情债之中，而这些帮助可以在任何时候被收回。虽然不那么明显，但类似肯尼迪这样的名字在美国政治中的吸引力就是一个很好的例证。

恺撒来自这个核心圈子之外。尽管他的家族声称拥有一个古老的世系，包括来自女神维纳斯的血统，但他们已经有几个世纪没有引领过罗马政治了。恺撒被迫为自己改了名，因为很少有选民会自动选择一个有着如此陌生名字的人。在他20岁出头的时候，曾在罗马军队中服了很短的兵役，并赢得了科罗娜公民勋章，这是罗马传统上授予拯救同胞生命的人的最高军事勋章。

在罗马，恺撒以法律顾问的身份出现在许多著名的审判中，所有审判都在高台上举行，向路人和潜在选民开放。在返回东地中海提升演讲能力的时候，他曾被海盗绑架并勒索赎金，最后只带着一个舰队匆忙地逃了出来。回去之后，恺撒马上召集兵马，把绑架过他的海盗钉在了十字架上。

为了显示他的仁慈，海盗的喉咙被割开了，这样他们就不会遭受长时间的折磨。这个故事之所以流传开来，无疑是唯一重要的证人——恺撒本人讲出来的。另一个有关于恺撒的话题则是他与其他元老院议员妻子们的风流史，这自然使他树敌众多。

在30岁的时候，如果一个人能够竞选公职，这是一件值得骄傲的事。恺撒之所以这样做，部分原因是他拥有非凡的个人魅力，善于引起别人的关注，这使他能够像勾引别人的妻子一样轻易地引诱众人。他还四处大规模借债，并将金钱用来恩惠他人、公开演说以及贿选。当然其他的候选人也都在做同样的事情，但恺撒在这方面做得更好，他把钱花得很精明。

▲ 罗马的政治家们把他们身穿的白色托加漂白，以确保他们在拥挤的罗马论坛上能够引人注目

▲ 恺撒在世时被记录的真实面貌寥寥无几，而且也没有一个塑像能真正体现出他令人敬畏的个人魅力

没有人能消除内战的记忆——讲坛上钉着被砍下的头颅。

▲ 恺撒因征服高卢而成名

▲ 苏拉的夺权永久性地动摇了罗马的权力结构，使得恺撒的崛起成为可能

很快，巨额的债务迫使他不得不继续竞争地方官职，因为只有当他成为执政官，并在一场有利可图的战争中被授予指挥权，他才有机会偿还债务。一次失败就意味着政治生涯的终结，这是发生在许多人身上的事情。当每个人都努力在支出上超过竞争对手时，为了赢得选举所需的贿赂规模会不可避免地不断膨胀。据说恺撒竞争一个高度政治化的罗马高级祭司职位时，离开家时告诉他的母亲，这次竞选"不是胜利，就是一败涂地"。

多亏他的母亲，恺撒终于在公元前59年赢得了梦寐以求的执政官职位。他的成功主要得益于同共和国最富有的两个人——克拉苏和庞培之间的秘密协议。前者是一名金融家和地产开发商人，他击败了斯巴达克斯的逃亡奴隶大军，并吹嘘说，没有人可以被认为是富有的，除非他能

▲ 公元前81年，恺撒被授予科罗娜勋章，这是代表罗马最高荣誉的军事勋章

负担得起自己的军团。而后者庞培,则继承了巨大的产业,得以组建了三个军团作为他的私人军队,以便在内战期间支持苏拉。他在职业生涯中打破了所有规则,包括那些由独裁者制定的规则。尽管如此,恺撒觉得利用绰号为"小屠夫"的庞培和他的士兵要比惩罚他更好。

庞培最终打败了本都的国王米特拉达梯,在返回罗马时,他很有风度地遣散了军队,希望能重新成为元老院的资深政治家,并在公共生活中扮演一个光荣而重要的角色。事与愿违的是,由于缺乏日常政治经验,他被大多数不愿受他人摆布的元老边缘化了。

当时的罗马精英们倾向于防止他人获得过多的长期权力。大部分元老把政治服务看作给本省人提供财政支持的机会,这样他们就可以还清债务,从而使自己变得更加富有。那些有名望的家

恺撒通往权力顶峰之路
在罗马想要拥有绝对的权力需要严格的职业规划

财务官 公元前69年

公元前69年,恺撒被选为贝提卡行省(现在的安达卢西亚)的财务官。该职位类似于治安官或会计,负责监督该地区的财政并在必要时进行调查。这个角色可能激发了他对一个平稳运行的帝国的憧憬,以及他后来对罗马基础设施的创新。

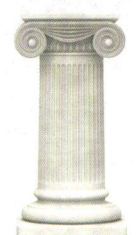

市政官 公元前65年

市政官负责组织娱乐活动,维护罗马的公共建筑和市场。恺撒利用这一职位,举办了由640多名角斗士参加的大型角斗比赛,赢得了公众的好感。元老院对这件事的轰动很警惕,并对一个人能保有多少角斗士设定了限制,但这件事传达了一个很清楚的信息:恺撒知道老百姓想要什么。

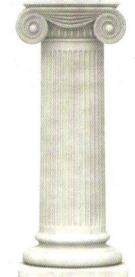

裁判官 公元前62年

裁判官的工作内容结合了财务官和市政官的职责。他们是监督民事案件的高级法官。在执政官缺席的情况下,裁判官执掌权力。离执政官职位只有一步之遥的时候,恺撒的反对者开始变得焦虑起来,因为他没有表现出任何放慢脚步的迹象。

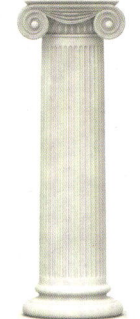

执政官 公元前59年

执政官职位是在罗马废除君主制后由两个人共同担任的最高职位,相当于现代国家的首相或总统。执政官控制着共和国的财政、军事和司法系统,因此权力很大。虽然执政官应该听取元老院的建议,但他们在任期结束之前不接受审。

总督 公元前58年

总督,或称代执政官,是一个地方职位,与执政官有许多相同的职责。这个职位既有利可图又有权势,是继执政官之后的传统职务。作为高卢总督,恺撒将今天的法国和比利时纳入了罗马扩张的版图,甚至还冒险远征英国。

终身独裁官 公元前44年

"独裁官"是临时授予给地方法官的头衔,全权负责处理军事紧急情况。恺撒之前曾担任过这个职位,但在公元前44年2月,他成为了一个永久的独裁官,或者说终身的独裁官。这消除了对他进行独裁统治的时间限制。

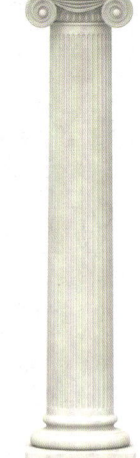

神圣的尤利乌斯 公元前42年

恺撒是第一个被正式奉为神的罗马人。根据公元前42年罗马元老院的法令,他死后被授予了"尤利乌斯神"或"神圣的尤利乌斯"的称号。马克·安东尼成为这个帝国的大祭司,而恺撒的甥外孙屋大维——未来的皇帝奥古斯都——自封为"神的儿子"。

玛丽·比尔德论恺撒

纪录片《文明》中的明星学者对于罗马统治者政治遗产的看法。

你认为恺撒最重要的军事行动是什么？

毫无疑问，是对高卢的征服——尽管这也是他最血腥的战役。甚至一些罗马人，认为这是种族灭绝，他们甚至威胁要以战争罪审判他。但可怕的是，它确实改变了欧洲的面貌，把罗马人的统治一直推进到英吉利海峡，使法国北部与西班牙和意大利同属一个世界，并从此影响了它从语言到信息交流的历史。

恺撒的统治风格和他管理军队的方式相似吗？

他总是很平易近人，很懂得如何赢得普通士兵或个人的好感。毫无疑问，他提出的许多立法为穷人带来了实际的好处，如建立一系列新的城镇，为城市里的穷人提供住房，并且对他们非常慷慨。他在军队和普通的罗马人中非常受欢迎，但最终死于公元前44年的一场暗杀。

恺撒是如何筹集资金来提升自己的政治地位的？

他出身于一个拥有土地的富裕家庭，尽管当时他们并不属于超级富豪之列。登上罗马权力的顶峰是一件非常昂贵的事情，所以恺撒通过借钱来补充他的家产，因为在古代也存在一个很大的信贷经济体系，而且随着征服不断扩大，每一个罗马人都从他们的胜利中获得了经济上的好处——从各种形式的掠夺中获得的艺术品和金银财富，以及奴隶。从某种意义上说，帝国确实是一棵摇钱树。

他是如何战胜另外两个前三头同盟成员——克拉苏和庞培的？

公元前53年，克拉苏死于一场灾难性的军事远征，他在卡雷战役中被帕提亚人击败，卡雷战役发生在现今土耳其和叙利亚的边界地带。令人毛骨悚然的事情是，他的头被砍了下来，被当成在帕提亚宫廷里表演欧里庇德斯创作的戏剧《酒神的伴侣》中的道具。它代表的是"彭透斯"这个人物的头颅。

恺撒与庞培之间的竞争要更复杂一些。在很多方面，庞培至少在一开始是一个受欢迎的、有魅力的领导人，着眼于独裁统治。他以亚历山大大帝的名字获得了"大帝"的绰号，但他被恺撒击败，最终被边缘化，这让他投入了传统保守派的怀抱。

> 他在军队和普通罗马人中非常受欢迎。

▲ 玛丽·比尔德为拍摄 BBC 的纪录片《文明》而前往意大利拉文纳的圣维塔莱大教堂

为什么恺撒一边受到人民的爱戴，一边则被其他政客所憎恨？

最简单的解释就是基本的阶级冲突。恺撒维护普通罗马人的利益而反对传统的罗马都市精英。他们的既得利益在于维护所谓的民主，他们用财富和影响力控制着这种民主。罗马的政治建立在精英而非穷人分享权力的原则之上，并且建立在反对独裁统治之上，这被认为太容易让人想起令人憎恨的早期罗马国王。在他们看来，恺撒正在成为国王……在他们看来，他们是对的。

在现代社会，你认为谁最能体现恺撒和他的价值观？

没有人能体现，但可以在许多现代政治家身上看到恺撒及其策略的影子。从恺撒对语言的掌控（没有人说过比"我来，我见，我征服"更加经典的名言）到他对发型的掌控（特朗普总统可能不知道，他独特的发型可以追溯到恺撒，恺撒对他头顶稀疏的头发感到尴尬）。

当然，从那以后，对恺撒的刺杀为后来政治谋杀提供了先例。刺杀林肯总统的凶手们就用代号"3月15日"来表示他们计划暗杀的日期。

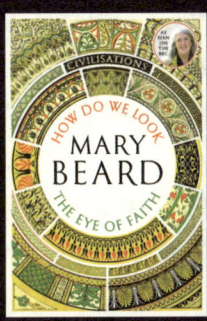

▶ 玛丽·比尔德是剑桥大学古典学教授。她在BBC 2台主持《文明》节目，并著有相关书籍《文明》

族想要确保他们和亲信有足够的机会，并且憎恨那些被委以重任的少数人，即便这是用来解决问题的最好安排。

懒政成为这个政府的主要工作方式，这意味着大多数元老认为，与其让对手赢得解决问题的荣誉，不如让问题继续存在。公民的失业率达到了惊人的水平，使得成千上万的人依赖于罗马发放的谷物救济金。在影响力、金钱和支持者的推动下，恺撒在担任执政官期间，强行通过了一项法案：将大片公有土地重新分配给退伍军人。有人提出强烈的反对意见，但相比原则上的担忧，更多人担心这将会使恺撒在人民中大受欢迎。在他的盟友得到他们想要的东西之后，恺撒最终获得了非同寻常的地方指挥权，并将这个权力延长了10年，从而成就了他对高卢的征服以及对德国和英国的远征，所有这些都在他对高卢战争的相关评论中有所描述。

就是在这里，他小心翼翼地证明他所做的一切都是为了罗马的利益，他庆祝"我们的小伙子们"的英勇表现和取得的胜利。也许有一百万人死去，还有更多的人被卖为奴隶，但罗马人并不认为罗马施行的帝国主义是件坏事。恺撒被授予的公众感恩日比他之前的任何一位将军都要多。战争掠夺使他得以偿还巨额债务，结交新的政治朋友，并在罗马建造巨大的纪念碑，为贫困的市民提供就业机会。

恺撒的反对者们虽然在他担任执政官期间未能阻止他，但他们在恺撒执政的合法性上做起了文章。在高卢期间，克拉苏梦想着获得新的军事荣耀，并对帕提亚帝国无端发动入侵战争。他最终因为受伤死去。庞培和恺撒两人渐行渐远，尤其是恺撒的女儿——庞培的妻子茱莉娅死于难产。

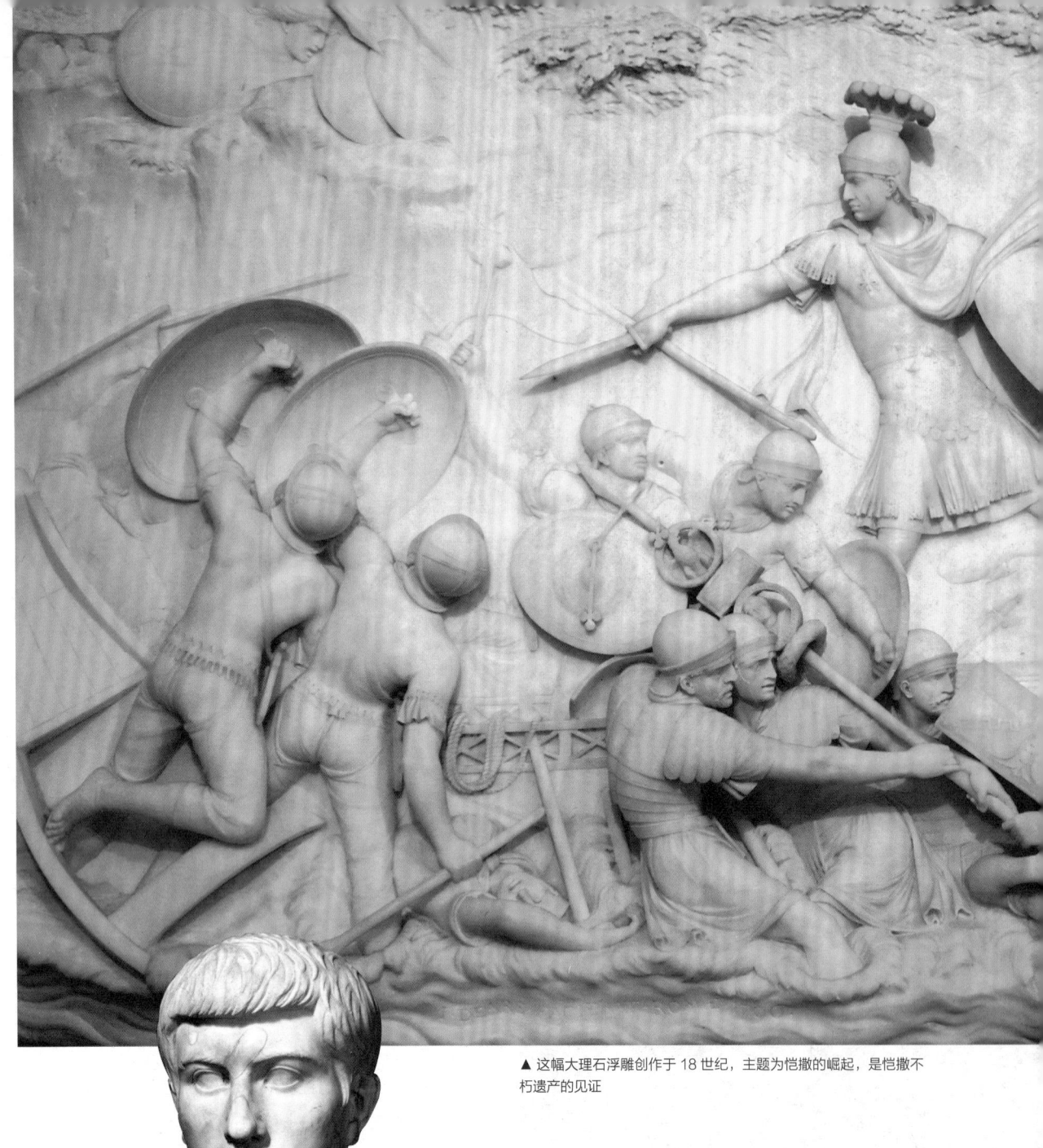

▲ 这幅大理石浮雕创作于18世纪，主题为恺撒的崛起，是恺撒不朽遗产的见证

▲ 马库斯·尤尼乌斯·布鲁图斯深受恺撒的喜爱

后来，诗人卢坎声称庞培与恺撒两人势均力敌，谁也不能超越彼此。他可能补充说过，许多重要的元老院议员愿意冒另一场代价高昂的内战的风险，只是为了削弱恺撒的权力。然而，恺撒为了保住自己的地位和荣耀，同样不惜让整个世界陷入混乱。在公元前48年法萨卢斯战役后，他来到现场查看了死去的元老院成员，然后说道："这就是他们想要的下场。"

其他所有候选人都在做同样的事，但恺撒做得更好。

▲ 人称庞培大帝的格涅乌斯·庞培

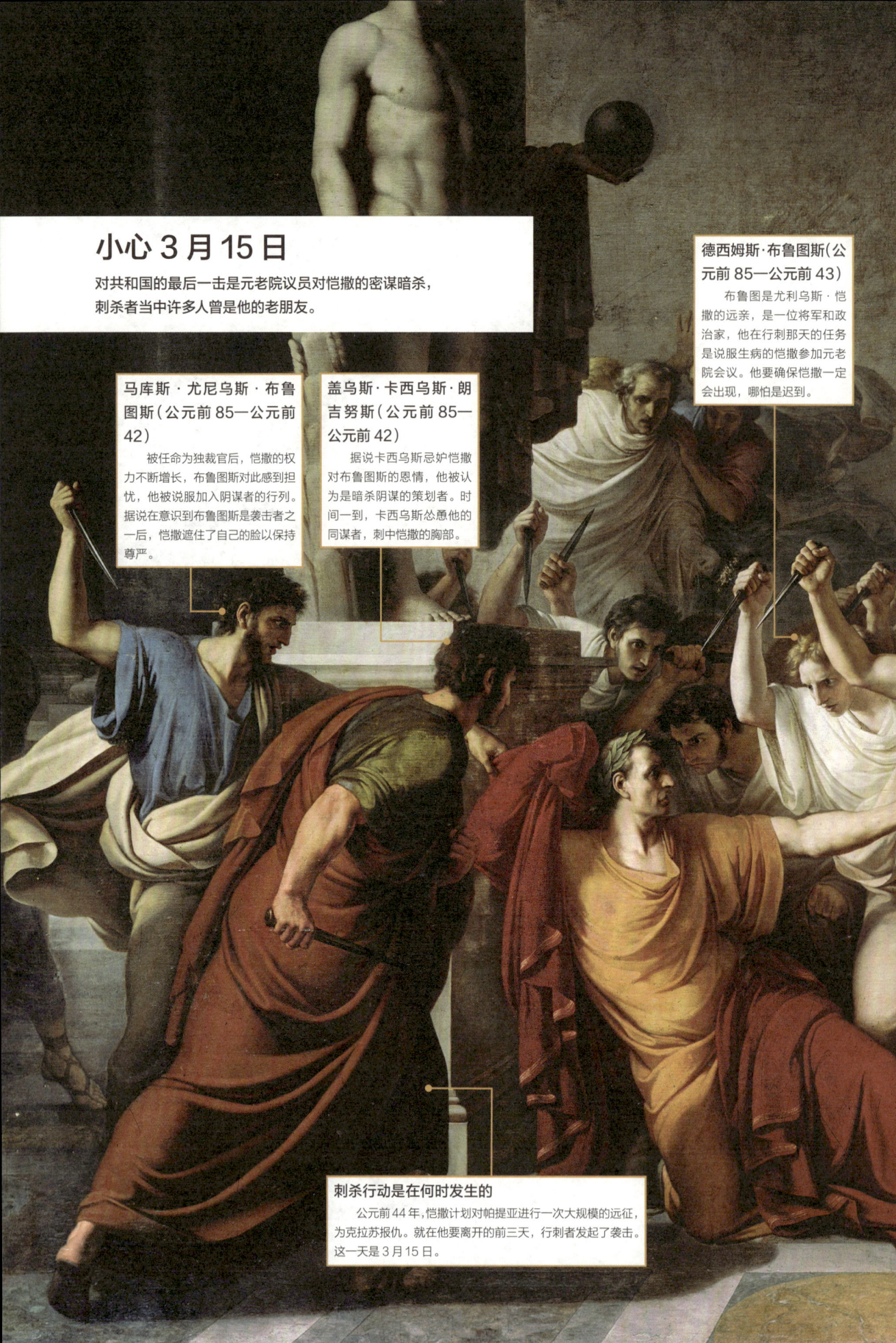

小心 3 月 15 日

对共和国的最后一击是元老院议员对恺撒的密谋暗杀，刺杀者当中许多人曾是他的老朋友。

马库斯·尤尼乌斯·布鲁图斯（公元前 85—公元前 42）

被任命为独裁官后，恺撒的权力不断增长，布鲁图斯对此感到担忧，他被说服加入阴谋者的行列。据说在意识到布鲁图斯是袭击者之一后，恺撒遮住了自己的脸以保持尊严。

盖乌斯·卡西乌斯·朗吉努斯（公元前 85—公元前 42）

据说卡西乌斯忌妒恺撒对布鲁图斯的恩情，他被认为是暗杀阴谋的策划者。时间一到，卡西乌斯怂恿他的同谋者，刺中恺撒的胸部。

德西姆斯·布鲁图斯（公元前 85—公元前 43）

布鲁图是尤利乌斯·恺撒的远亲，是一位将军和政治家，他在行刺那天的任务是说服生病的恺撒参加元老院会议。他要确保恺撒一定会出现，哪怕是迟到。

刺杀行动是在何时发生的

公元前 44 年，恺撒计划对帕提亚进行一次大规模的远征，为克拉苏报仇。就在他要离开的前三天，行刺者发起了袭击。这一天是 3 月 15 日。

赛维留斯·加斯卡（公元前84—公元前42）

加斯卡和他的兄弟盖乌斯一起加入了阴谋者的行列。盖乌斯是恺撒的密友。在暗杀中，加斯卡是第一个动手的人，他趁恺撒分心的时候从椅子后面袭击了恺撒。

盖尤斯·特拨纽斯（公元前92—公元前43）

盖乌斯·特拨纽斯曾是恺撒的亲信，当马克·安东尼急忙跑去警告恺撒的时候，他在元老院外截住了安东尼，并通过谈话拖延，以便让袭击者能够完成任务。

提留斯·辛布尔（公元前85—公元前42）

恺撒一到元老院，就收到了辛布尔的一份请求赦免他被流放的兄弟的请愿书。当其他的元老院议员围拢过来的时候，辛布尔抓住恺撒的衣服来分散他的注意力。

它是在何地发生的

恺撒在元老院的一次会议上被杀。八年前的一场政治骚乱中，元老院被烧毁，恺撒的大换位还没有完成。纯粹出于偶然，元老院在庞培剧院旁一座庙宇里召开了会议。

▲ 这是布鲁图斯铸造的一枚硬币,在内战中用来支付士兵的军饷。图案是一顶自由人的帽子,后来被法国革命者采用

▲ 公元前 48 年，恺撒的军队在法萨卢斯战役中击败了庞培

恺撒有精良的军队，而且其军事表现仍处于顶峰，所以他在这场新的内战中取得了胜利。罗马再一次拥有了一个独裁者，但恺撒的"仁慈"让所有人都感到惊讶，他宽恕了投降的对手，尤其是布鲁图斯和卡西乌斯，两人甚至在他的新政权中获得了荣誉和官职。

恺撒的大部分时间都花在了竞选和与克莱奥帕特拉的桃色事件上，但他在罗马努力推动了各项改革，使国家再次开始运转。这些改革大部分是明智的，尽管在许多情况下，它们没有足够的时间来运作。恺撒的做法算不上是一种残酷的暴政，但对大多元老来说，这根本不应该是国家

朋友和敌人

在政治上，不是所有人都能和睦相处。

正如你所预料的，前三头同盟既有支持者也有敌人。然而，坚定地站在他们这一边的是西塞罗——一位政治家和演说家，强烈反对元老院里的贵族。事实上，他与前三头同盟关系非常好，以至于在公元前57年流放后，他请求庞培和恺撒帮助他回到罗马。甚至有人认为他一开始就被要求加入前三头同盟。他拒绝了，但这并没有阻碍他为他们提供法律服务。他的朋友卢修斯·卢塞乌斯也在公元前60年同恺撒一起竞选执政官，尽管他最终失败了。

但这三个人的敌人可能比朋友还多。恺撒的联合执政官比布鲁斯属于贵族派，即渴望阻止平民进行激进改革的保守派。他们的另一个竞争对手是小加图，他后来因三头同盟要延长统治而攻击他们。

但有一个人反对这三个人。他就是卢修斯·李锡尼·卢库卢斯。他是贵族的一员，在入侵亚美尼亚时把可怕的帕提亚人带进了冲突，因而被撤除了在东部的职位。庞培接替了他的位置和荣耀。当执政官克温图斯·凯奇利乌斯·梅特路斯·凯列尔投票反对庞培的退伍军人解决方案时，庞培没有理由不与恺撒和克拉苏结盟。

▲ 西塞罗是一位演说家，他拒绝加入前三头同盟

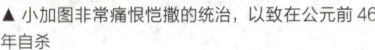
▲ 小加图非常痛恨恺撒的统治，以致在公元前46年自杀

运作的方式。一个人，无论多么有能力，多么善良，都不应该拥有这么大的权力，获得比任何人都多的荣誉，让其他人相形见绌。

公元前44年3月15日，布鲁图斯、卡西乌斯和其他几十名元老院成员将恺撒刺死。让他们感到非常惊讶的是，得知恺撒死去消息的平民们并没有对他们宣称的自由感到丝毫的高兴，因为归根结底，这种自由是精英阶层分享高级职位和

▲ 恺撒与埃及艳后克莱奥帕特拉的风流韵事非常有名，但她只是好色的恺撒的众多情人之一，而恺撒也只是她的情人之一

彼此获利的自由。

内战很快又开始了,最终恺撒的甥外孙,也是他的继承人获得了胜利,成为恺撒·奥古斯都——罗马的第一位皇帝。在经历了混乱和残酷的杀戮之后,每个人都因稳定而高兴,无论付出了何种政治代价。

> 恺撒比任何一位将军都享有更多的感恩日。

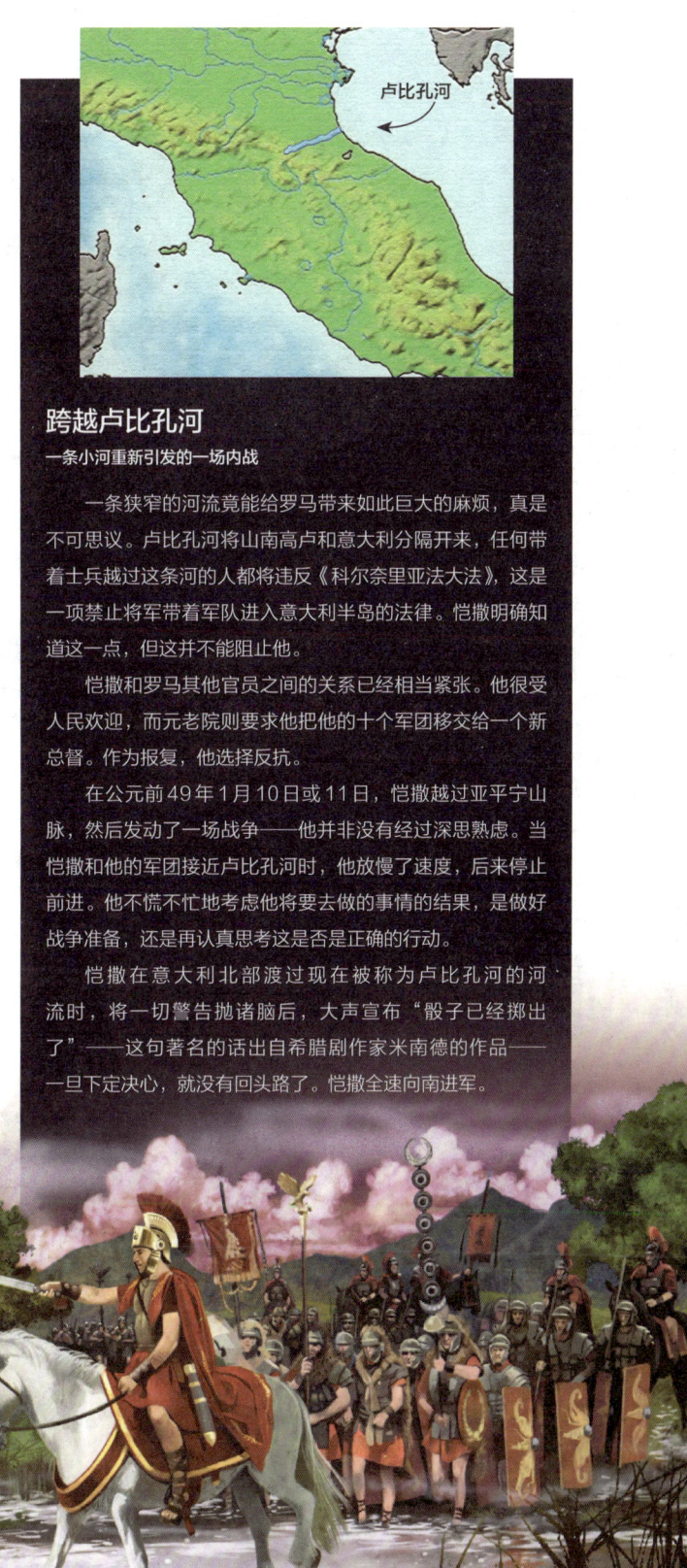

跨越卢比孔河
一条小河重新引发的一场内战

一条狭窄的河流竟能给罗马带来如此巨大的麻烦,真是不可思议。卢比孔河将山南高卢和意大利分隔开来,任何带着士兵越过这条河的人都将违反《科尔奈里亚法大法》,这是一项禁止将军带着军队进入意大利半岛的法律。恺撒明确知道这一点,但这并不能阻止他。

恺撒和罗马其他官员之间的关系已经相当紧张。他很受人民欢迎,而元老院则要求他把他的十个军团移交给一个新总督。作为报复,他选择反抗。

在公元前49年1月10日或11日,恺撒越过亚平宁山脉,然后发动了一场战争——他并非没有经过深思熟虑。当恺撒和他的军团接近卢比孔河时,他放慢了速度,后来停止前进。他不慌不忙地考虑他将要去做的事情的结果,是做好战争准备,还是再认真思考这是否是正确的行动。

恺撒在意大利北部渡过现在被称为卢比孔河的河流时,将一切警告抛诸脑后,大声宣布"骰子已经掷出了"——这句著名的话出自希腊剧作家米南德的作品——一旦下定决心,就没有回头路了。恺撒全速向南进军。

让整个基督教世界蒙羞的是,这座上帝之城落到了萨拉森人的手里。

狮心王理查

理查国王出生于皇室,却在战争的废墟中长大,为了探寻传说中的圣地,他把西方基督教的宗教狂热带到东方穆斯林世界。

在将近一年的时间里,尽管一拨又一拨的基督教骑士把他们所有的宗教热情和军事力量都倾注到了这片古老的城墙上,但阿卡这座强大的城市始终屹立不倒。这座城市阻挡住了潮水般的冲击,并在某种程度上阻止了进攻者的脚步,此时进攻者们威胁着要占领整个近东地区。

众多部队集结起来,对这座城市发动了无情的进攻。当第一支进攻的军队未攻破城门时,城市里的居民认为他们是安全的,因为入侵被击退了。然而,紧接着又有一支军队登陆了,城市的主要干道——为进出城墙提供通道的港口被占领了。这座城市的防御能力再次受到考验,一场更猛烈的,并会造成更大伤亡的攻击一触即发。幸运的是,这座城市再次抵挡住了大批敌军的进攻。

接下来,随着新一年航海季的到来,另一个侵略者带着一支嗜血的新军队从海上来到了这里。5月,又有其他侵略者紧随其后,成千上万的士兵加入了墙外进攻者的阵营,人数增长到可怕的地步。他们再次发动进攻,双方损失惨重。城内食物和供给的短缺,以及城外营地内疾病的蔓延,使这两派的战士们走向极端,暴力行为越发肆无忌惮。

1191年6月的第八天,这座城市在炎炎夏日的炙烤下近乎让人窒息,此时另一支舰队正在这座城市曾经繁荣的港口登陆,这支舰队是有史以来到达这座城市的所有舰队中规模最大的。如果阿卡的统治者——萨拉丁不尽快派遣能稳定局势的援军,那么这座城市必将沦陷,通往圣地的大门就会被敌人野蛮地掀开,让基督徒们涌入。

一个如同山一般的男人从船上走到尘土飞扬的干燥海岸,人们称他为狮心王,他要以神和荣耀的名义,把敌人全部处死。这是一段漫长而痛苦的旅程,充满了风暴、沉船,同时还有一个疯狂的暴君。不管怎样,狮心王理查和他的军队渡过了地中海到达了圣地。经过几个月的计划和追击,他们立志完成他们的使命,理查的使命,他们心中的上帝的使命,用暴风雨占领圣地,开辟一条通往最神圣的城市——耶路撒冷的直接通道。

让整个基督教世界蒙羞的是,这座上帝之城在四年前就被萨拉森·阿尤布人占领了,现在被基督教的宿敌萨拉丁统治着,他们的存在就是对

阿苏夫战役

在第三次十字军东征的一场大战中,阿苏夫这座城市见证了理查和萨拉丁的对决。

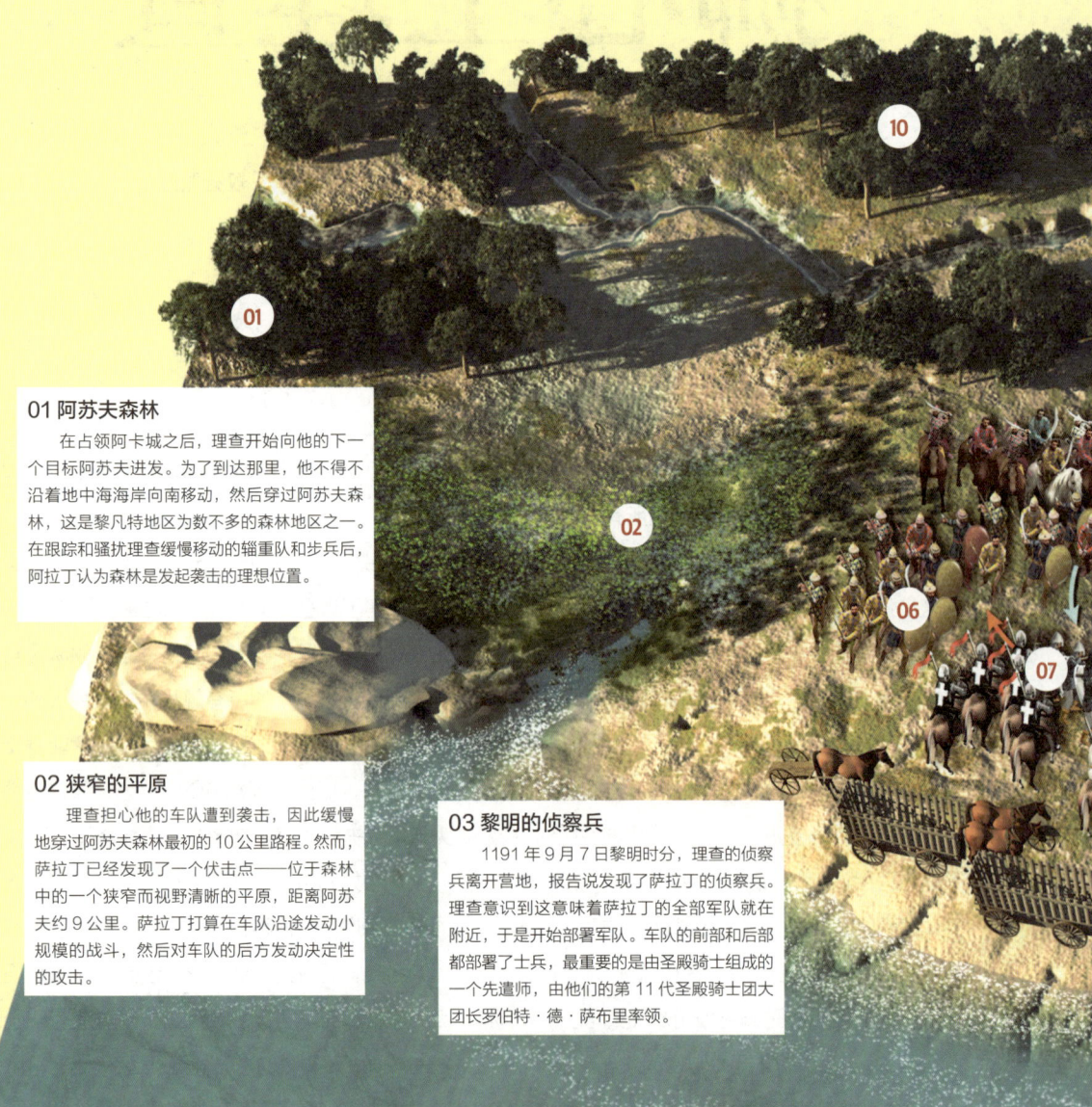

01 阿苏夫森林

在占领阿卡城之后,理查开始向他的下一个目标阿苏夫进发。为了到达那里,他不得不沿着地中海海岸向南移动,然后穿过阿苏夫森林,这是黎凡特地区为数不多的森林地区之一。在跟踪和骚扰理查缓慢移动的辎重队和步兵后,阿拉丁认为森林是发起袭击的理想位置。

02 狭窄的平原

理查担心他的车队遭到袭击,因此缓慢地穿过阿苏夫森林最初的 10 公里路程。然而,萨拉丁已经发现了一个伏击点——位于森林中的一个狭窄而视野清晰的平原,距离阿苏夫约 9 公里。萨拉丁打算在车队沿途发动小规模的战斗,然后对车队的后方发动决定性的攻击。

03 黎明的侦察兵

1191 年 9 月 7 日黎明时分,理查的侦察兵离开营地,报告说发现了萨拉丁的侦察兵。理查意识到这意味着萨拉丁的全部军队就在附近,于是开始部署军队。车队的前部和后部都部署了士兵,最重要的是由圣殿骑士组成的一个先遣师,由他们的第 11 代圣殿骑士团大团长罗伯特·德·萨布里率领。

04 萨拉丁的攻击

理查的车队一到达平原,萨拉丁的军队就发起了进攻。在前线,萨拉丁派出了大群密集的散兵,而在他们身后,是一队又一队的重装骑兵、步兵和骑兵弓箭手,他们分散开来,让军队从中间、左边和右边发起进攻。

05 十字军稳住侧翼

萨拉丁的主要战术是击破十字军纵队的侧翼,他命令标枪投掷兵和骑兵弓箭手在他们的侧翼发起闪电攻击,并在十字军的弩兵进行反击之前撤退。尽管如此,十字军侧翼还是保住了。

10 阿尤布军队四散奔逃

随着右翼被击溃,阿尤布军队很快溃败,逃回阿苏夫以南的山林中。理查意识到追击的骑士可能会遭到反击,他将战士们召回并排成有序队形,命令他们在已经安全的堡垒扎营。萨拉丁被迫撤退,他作为不可战胜的领袖的声誉因此受损。

09 圣殿骑士火力全开

十字军骑士们向萨拉森人发起了进攻,在残酷的死亡浪潮中释放出他们的仇恨和战斗威力。萨拉丁军队的右翼无法承受骑士团的攻击,几乎瞬间崩溃,理查本人也加入战斗。随着血腥报复的完成,圣殿骑士们开始追捕逃跑的萨拉森人。

08 背水一战的反击

纳布卢斯在反击时没有服从命令,但在医院骑士团的冲锋下,理查知道他们需要支援,便命令他的军队加入战局。因此,十字军的全部重心突然从防御转为攻击,猛烈地攻击阿尤布军队。

06 医院骑士遭到袭击

萨拉丁将他的军队重心转移到纵队的后方,与医院骑士交战。萨拉丁和他的兄弟一起加入了进攻,以期激励士兵。尽管有一些损失,理查仍将车队团结在一起,向阿苏夫徐徐推进。

07 骑士团打破阵形

理查在下午三时左右到达阿苏夫,被围困的医院骑士先头部队正在向要塞城市撤退。战线最终失序,混战开始了。看到自己的人陷入困境,医院骑士团的总指挥加尼尔·德·纳布卢斯打破阵形,向萨拉森人发起了冲锋。

十字军

军队规模：20000

领袖
狮心王理查

在战场上表现出色，是个残忍的杀手，也是个天才的战术思想家，他以强悍的实力领导一群宗教狂热分子。

优势：了不起的战士和强大的军事领袖。
劣势：一位在政治和经济上不计后果的国王。

核心部队
圣殿骑士

圣殿骑士是参加第三次十字军东征的最具经验的基督徒战斗群体，他们是训练有素、受到神圣目的驱使的狂热战士。

优势：装备精良，训练有素，擅长肉搏战。
劣势：数量少，宗教狂热易导致行事鲁莽。

核心武器
阔剑

骑士中最常见的手持武器，包括圣殿骑士团和医院骑士团，阔剑是一种平衡性较好的致命武器，既能刺又能劈砍。

优势：优秀的全能武器，可以和盾牌同时使用。
劣势：惧怕使用双持剑和长矛武器的远程攻击。

这座圣城的玷污。自1099年第一次十字军东征耶路撒冷王国建立以来，基督徒安全地统治了它近100年，现在罗马教皇下令重新占领它。理查是一位虔诚而笃信宗教的国王，他遵从了这一召唤。他现在站在这里，准备对他心中唯一的真神履行他的职责。征服阿卡城只是从萨拉丁手中夺回耶路撒冷的第一步。

到当时为止，这座城市能否被占领以及承受更大范围的十字军讨伐行动都掌握在其他一些领袖手中。这些人包括吕西尼昂的居伊——一个骄傲的普瓦图骑士，因娶了耶路撒冷公主西比拉而成为耶路撒冷王国国王。还有法国国王腓力二世，他协助筹集了"萨拉丁什一税"，用来支付十字军东征的费用。以及奥地利公爵利奥波德五世，他全权指挥帝国军队。之前一年夏天，还有更多的领袖加入到围攻行动中，但到了冬天的时候，多种疾病夺走了许多人的生命，包括斯瓦比亚公爵腓特烈和赫拉克利乌斯。

对阿卡城的围攻已经陷入僵局，每过去一周，萨拉丁战胜十字军的可能性就会增加一分。理查作为一位训练有素、经验丰富的军事领袖，意识到了这一点，在与其他领袖会面后，他下令建造巨大的能够摧毁城墙的攻城设备。这些象征死亡的攻城机很快修建完成，其攻击力远远超过基督教的骑士，一旦被投入战场，围攻战的结局立见分晓。

巨大的石块像雨点一样落在阿卡城的城墙上，雷鸣般轰击着它。动物和穆斯林士兵的尸体散落在城市的街道上，疾病横行，削弱了惊恐的城内兵民的士气。最可怕的是，燃烧的火球和弓箭点燃了除石头以外的一切，恐慌在阿卡城的民众间迅速蔓延。幸存的穆斯林士兵继续顽强抵抗，但根本无法制止攻城机和基督教战士们对这座城市进行大规模的屠杀，在经历了一个月的

▲ 英国理查一世的封记（1195）

杀戮和破坏之后，城市里剩下的穆斯林驻军投降了，这绝不是萨拉丁想要的结果。

一听到阿卡城被攻陷的消息，萨拉丁立即动身前往该城。在路上，他得到消息，理查俘虏了投降的穆斯林驻军2700人，并提出要用赎金来换取他们。萨拉丁以对部下的爱护而闻名，他同意交出赎金，还答应释放他抓捕的所有基督徒囚犯。

在阿卡城中，耶路撒冷王国、法国、英国和奥地利公国的旗帜在微风中飘扬。随着阿卡城的陷落，理查知道只余下南边的雅法城阻碍他们对耶路撒冷发动直接进攻。于是他开始为十字军继续东征做准备。这些准备工作很快就被占领者之间的一场争论打断了，这场争论是关于如何划分被占领的城市以及如何分配战利品，争论耶路撒冷被攻陷后谁将成为耶路撒冷的国王。英格兰国王站在吕西尼昂的居伊一边，没有选择腓力和利奥波德，腓力和利奥波德更倾向于十字军战士和意大利贵族康拉德·蒙特非拉特。

当萨拉丁延迟支付守军战俘的赎金时，阴谋和分歧终于爆发了。愤怒不已的理查认为延迟交付赎金是非常严重的怠慢行为，他下令处决阿卡城的所有守军。萨拉丁到达阿卡城的时候，这个决定已经做出，他只能看着一个又一个人被公开处决，他们的头被砍了下来，掉落在城墙上。成

穆斯林军队

军队规模：
25000

领袖
萨拉丁

作为阿尤布军队的领袖和阿尤布王朝的建立者，他经验丰富，是一位富有智慧的军事指挥官。

优势：受人尊敬的军事家和强大的政治家。
劣势：缺乏个人战斗能力且无主见。

核心部队
骑弓手

轻骑兵以其攻击速度和射程闻名于世，萨拉丁拥有世界上行动最快的骑兵。

优势：擅长伏击和快速游击进攻。
劣势：在肉搏战中很容易被骑士砍倒。

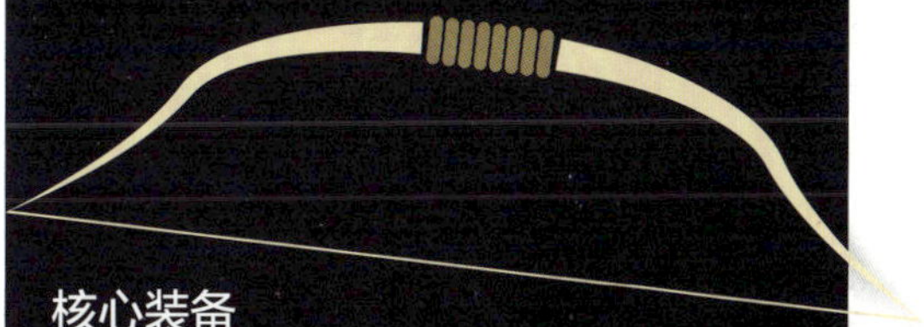

核心装备
短弓

萨拉丁的马穆鲁克步兵和轻骑兵擅长弓术，一有机会，他们的短弓就会向十字军部队发起猛攻。

优势：发射迅速和装填便捷，具有良好的狙击能力。
劣势：易被长弓克制，在肉搏战中毫无用处。

由于阿卡城在战略上的重要地位，它经常成为暴力袭击事件的发生地

狮心王的十字军

第三次十字军在到达圣地之前就面临着种种挑战。

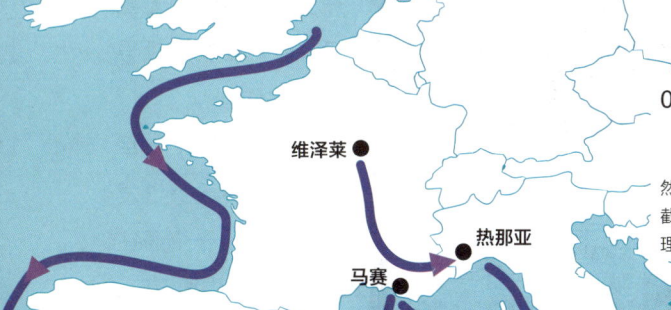

04 阿苏夫会战
阿苏夫，1191年9月7日
理查和十字军袭击雅法城。然而，萨拉丁在阿苏夫要塞附近截击了理查，一直追到城镇，但理查赢得了战斗。

05 理查撤兵
雅法，1192年8月8日
在袭击雅法之后，十字军对耶路撒冷发动了两次失败的进攻，他们分成了两派，但没有任何一方占领这座城市。雅法落到了萨拉丁手中，但在之后的战斗中，理查又将其夺了回来。

01 教皇的法令
罗马，1187年10月29日
教皇格里高利八世颁布法令，宣布耶路撒冷王国的灭亡是对基督教罪孽的惩罚，之后他又发布了教皇的训诫，号召进行第三次十字军东征。法国和英国实施了"萨拉丁什一税"来资助完成这一计划。

02 疯狂的暴君
塞浦路斯，1189年5月8日
在前往圣地的途中，理查的舰队遭遇风暴，在塞浦路斯搁浅。岛上的暴君统治者掠夺船只、货物和居民。理查以武力夺取塞浦路斯，解放被奴役的臣民。

03 围攻阿卡城
阿卡，1189年8月28日
穆斯林控制的城市和港口阿卡城被长期围困，数千名十字军战士和萨拉森士兵被杀。在狮心王于1191年6月8日加入围城战后，该城固若金汤的防御工事开始动摇。

> **人们称他为狮心王，他要以神和荣耀的名义，把他们全部处死。**

千的人命丧黄泉。愤怒的萨拉丁以同样的方式作为回应，他处决了1000名被关押的基督徒。

腓力和利奥波德对理查和居伊感到愤怒和沮丧，他们最终决定终止参加第三次十字军东征的行动，并于8月下旬返回欧洲老家。然而，对理查来说，这种对信仰的背叛是不可想象的，他劝说腓力在神面前要行事端正，并说服他留下了一万名法国十字军战士以及必要的资金来维持他们的支出。狮心王现在是两万多名十字军战士、骑士和士兵的指挥官，他下令十字军东征继续进行，在8月的最后几天，十字军的大部分军队离

▲ 阿卡城现今的样子

70000 英镑
通过"萨拉丁什一税"筹集的资金，资助第三次十字军东征

圣殿骑士详解

最精锐的基督教战士所携带的核心装备。

头盔
护颈
大头盔是圣殿骑士团的主要防御装备，如同圆锥形头盔一样可以提供极好的保护。由于瞭望口狭长，加上圣地的高温天气，许多人选择了更加轻便，且视野更为开阔的头盔。

背心
防止摩擦
无论如何，保护圣殿骑士的生命都至关重要，这是一件从外面无法看见的护甲，一种紧贴皮肤的棉衣。背心覆盖了上半身的大部分，是抵御敌人攻击的最后一道防线。在较冷的天气中，它也可以帮助战士保暖，尽管在圣地不存在寒冷的问题。

阔剑
适于劈砍和挥砍的设计
作为西方骑士的标准配置，典型的圣殿骑士装配了这样一把阔剑，但在马背上进行战斗时使用长矛更多。徒步作战时骑士会双手持剑，但需要更大的攻击范围和劈砍力量时，骑士不会装备盾牌。

无袖外套
圣地的气候一点儿也不炎热
骑士的锁子甲外面是一件显眼的无袖外套。这件白色的衣服不仅可以阻隔太阳直射他们的金属盔甲，同时还展示了徽记。

链甲
防止受到敌人刀剑的攻击
锁子甲是一种长袖锁子甲，骑士手戴链罩，头戴铁链兜帽，盔甲可以防止受到敌人的攻击。链甲与铁靴组合以保护他们的双腿。

盾牌
第一道防线，也是最好的防线
圣殿武士的盾牌上装饰着他们的十字勋章，又大又长，泪滴状的设计保护着他们的整个躯干和大腿。木制的盾牌边缘装饰着金属，这有助于保护它免受剑击。盾牌后装有皮质把手。

开了阿卡城。毫无疑问，他现在就是领导这场圣战的人。

雅法城是十字军向耶路撒冷无情进发的下一站，一个通往南地中海的重要港口。只要雅法城还没有被占领，萨拉丁从埃及这个坚不可摧的据点向该地区增兵就有天然途径，但如果被十字军攻破的话，萨拉丁将被迫把人员转移到陆地上，那是一个非常低效而且更耗时的做法。该城距耶路撒冷仅65公里，是十字军战士理想的沿海基地。理查知道萨拉丁就在附近的某个地方，知道他的敌人善于布设伏击，他命令部队沿着地中海海岸线前进，而辎重队则被保护在最靠近海岸的地方。这一战术阻止了萨拉丁的侧翼进攻，因为理查也让他的舰队与他们平行沿海岸航行，封锁了海洋这个可能的攻击途径。

然而，雅法以北

是阿苏夫森林，这是整个黎凡特地区仅有的森林之一。森林与海岸线平行地段长达20多公里，理查的军队必须穿过森林才能到达雅法。萨拉丁在树林里对理查的军队进行了小规模的游击式攻击后，下令对十字军发动全面进攻，这引发了第三次十字军东征中最大规模的激战。萨拉丁知道这场战斗将是决定性的，但他不可能预见到它将给他带来多大的灾难。1191年9月7日太阳落山时，萨拉森军队在医院骑士团的一次决定性反击中溃败。萨拉丁从阿苏夫撤退，重新集结他残破的军队，疗伤休整。

认识下他们的敌人：萨拉丁

了解最受人尊敬的穆斯林战士的主要特征和装备。

剑
笔直且致命
萨拉森人在十字军东征时期使用的剑通常是直的，不像描述那个时期的电影中经常出现的弯刀。

铠甲
高级士兵的装备
低级别的萨拉森人很少或根本不穿铠甲，而高级别的战士和像萨拉丁这样的领袖则经常在长袍下罩链甲或其他铠甲。

骑兵
擅长游击战
在第三次十字军东征中，萨拉森军队拥有相当数量的骑兵，比他们的基督教对手还多。骑在这些马上的士兵通常是弓箭手，在扰乱敌人时非常有效。

外貌特征
身材瘦小
大多数关于萨拉丁的描述都提到他身形非常瘦小——他没有理查那样魁梧的身材，但却因智慧和虔诚而备受尊敬。

"萨拉赫·丁·尤素福·本·阿尤布"（萨拉丁）是埃及和叙利亚的第一位苏丹，也是阿尤布王朝的创始人。通过一系列的军事胜利，他取得了这一至高地位，他先推翻法蒂玛王朝，改由自己统治，1187年他指挥了决定性的哈丁战役。第三次十字军东征是萨拉丁自己挑起的，哈丁战役和耶路撒冷陷落的余波导致了著名的"萨拉丁什一税"出台，这是在英国和法国部分地区征收的一种税，用以资助军队来收复圣地。

尽管萨拉丁和理查的军队在第三次十字军东征中多次发生冲突，众所周知的是，这两个人的关系比预想的要复杂得多，双方都表现出了对对方极大的尊重。在阿苏夫战役中，萨拉丁的军队惨败，但是之后，萨拉丁却派人给理查两匹好马，因为理查在这场战役中失去了自己的战马。然而，两人从未谋面，萨拉丁在第三次十字军东征一年后死于一场高烧，遗体葬于大马士革。

▲ 现代的耶路撒冷城

理查究竟是英勇的国王还是嗜血的杀手？

尽管理查三世在第三次十字军东征中起了主要作用，维多利亚时代的历史学家毕晓普·威廉·斯塔布斯却认为这位国王是"一位糟糕的统治者，他对战争的热爱使他实际上失去了成为一个爱好和平的人的资格，他完全不具有谨慎的政治常识"。斯塔布斯称他是"一个嗜血的人，他的罪行是长期发动战争，肆意屠杀，他是一个恶毒的人"。

受人尊敬的十字军历史学家史蒂·朗西曼爵士理性探讨了理查性格的两个方面："他是一个坏儿子，一个坏丈夫，一个坏国王，但却是一个勇敢而出色的士兵。"尽管理查始终表现出极大的勇气，但今天人们不会用"英勇"和"辉煌"来形容他。在阿卡城的围攻战中，他屠杀了2700名俘虏，在他统治的十年期间，他曾两度差点使整个王国破产。当理查在第三次十字军东征后被扣为人质返回英国时，他作为基督教英勇战士的不朽传奇归功于他母亲出色的公关活动。

8000
前往圣地的英国骑士和士兵的数量

十字军直奔雅法，迅速包围并占领了它。尽管与其他十字军领袖有一些分歧，但当耶路撒冷近在眼前时——理查决定与他的敌人展开谈判。在阿苏夫战败后，萨拉丁的一些决策受到了争议，他同意进行谈判，并派他的兄弟阿勒-阿迪尔前往雅法主导谈判。尽管取得了一些进展——有一次理查的妹妹琼被认为可能会同阿勒-阿迪

▲ 狮心王理查率领军队向耶路撒冷进军

萨拉丁只能看着一个又一个人被公开处决,他们的头被砍了下来,掉落在城墙上。

尔结婚,并且耶路撒冷将作为结婚礼物——但谈判最终还是破裂了。

谈判的破裂在十字军队伍中引起了骚动,他们关于如何以最佳方式达成目标产生了争论。理查对持续不断的内斗感到厌倦,于是果断行动,命令军队在11月向耶路撒冷进发,先是穿过阿斯卡隆,然后是拉特伦。十字军很快就到了贝特努巴，这里距离耶路撒冷只有20公里。十字军前进的消息迅速传开，城内穆斯林驻军的士气一蹶不振。萨拉丁的军队被击溃，阿卡、阿苏夫和雅法被占领，耶路撒冷似乎就是下一个目标。第三次十字军东征的胜利似乎近在咫尺。

然而，在这个关键时刻，十字军战士们却犹豫了。萨拉丁已经证明了自己是一个了不起的人物和狡猾的对手，理查不知道他的部队已经被消耗到什么程度，他担心很可能另一次大规模的伏击就在眼前。此外，冬季的天气明显变坏，大雨和冰雹导致军队行进缓慢。这些因素使理查停下来思考，他向他的十字军同伴征询意见。经商议后他们认为，如果开始围攻耶路撒冷，并被萨拉丁的增援部队攻击的话，以现在的恶劣状况肯定会遭到惨败。因此，理查下令撤回海岸，等候战机。

1192年春天继续战斗之前，入侵的军队在阿斯卡隆度过了余下的冬天。萨拉丁在他的指挥官的逼迫下解散了他的军队，因为指挥官们更倾向于巩固而不是公开的敌对行动，即不发动任何重大的进攻。然而，成群结队的萨拉森军队不断地骚扰十字军战士，一系列的小战斗和小冲突，慢慢地消耗着十字军战士的人数和士气。这种情况在5月22日达到顶峰，经过5天的血腥战斗之后，坚固的达卢姆镇落入十字军部队手中。十字军在圣地赢得了伟大的战役，但是没有更多的军队越过地中海去支持他们，没有援军来补充损失掉的兵力。理查的十字军东征步履蹒跚，军队的士气就像沙漏里的沙子一样流走了。

十字军东征的英格兰国王集结了剩余的军队，于当年6月向内陆进军，对耶路撒冷发起了最后一次进攻。这一次，十字军战士没有在贝特努巴受到阻挡。看来，时机终于到来了。理查要把圣城归还给它合法的主人，恢复基督教在圣地占统治地位的宗教和军事力量。然而，当疲惫的、满身尘土的、古铜色皮肤的战士们站在远处注视着这座遥远的城市时，军队领袖们的意见再次出现了分歧。

圣城近在咫尺，但几个月来对十字军东征的不满情绪在军队指挥官中爆发了，关于军事行动最佳方案的争论演变成了人身攻击和激烈的口角。包括理查在内的大多数领袖都认为，占领耶路撒冷的最佳方式不是围困它，而是直接攻击在埃及的萨拉丁，从而迫使他自愿放弃耶路撒冷，以此作为谈判筹码，来防止可能会遭到的失败。然而，幸存的法国十字军的首领勃艮第公爵休三世认为，唯一可行的行动方案是立即对这座城市发起直接攻击。领袖们进攻计划不统一的消息传到了十字军战士的耳朵里，士兵们打破了先前的忠诚，选择站在不同的立场，把十字军军队一分为二。

> **理查……认为占领耶路撒冷的最佳方式不是围困它，而是直接攻击在埃及的萨拉丁。**

这两支军队的实力现在都不足以攻打一座城市，更不用说耶路撒冷了，因此理查被迫下令撤退。在返回海岸的途中，理查对法国人感到愤怒，决定返回英国。然而，就在他接近雅法的时候，一名侦察员传来消息，这座城市已经落入萨拉丁之手，他亲自统领的这次袭击。此外，侦察员报告说，那里所有人的生命都面临着严重

2700
在阿卡城被理查下令处决的穆斯林俘虏人数

威胁。

理查的一切决定关乎着众多十字军战士的生命，毕竟是他下令执行阿卡城大屠杀，返回英国的计划不得不被搁置。理查率领一支由2000名幸存的骑士和士兵组成的队伍，对萨拉丁发动了最后一次进攻——从海上突袭雅法。刚刚占领这座城市的阿尤布士兵完全没有做好进攻准备，很快就被击败了，骑士和十字军弓弩手的联合部队迅速瓦解了他们的抵抗。这次袭击非常残酷，萨拉丁被迫从雅法逃向南方。

这是萨拉丁和理查的最后一场战役。雅法第二次被攻陷后，基督教十字军和阿尤布人继续进行血战的意志力减弱了，该地区随之进入了地狱般的停滞状态。战斗持续了三年，这一历史地区的大部分区域成了一片废墟。成千上万的男人、女人和孩子失去了生命，尽管黎凡特的一些地区几经易手，但一切都没有改变。耶路撒冷仍然在穆斯林的控制下，萨拉丁是阿尤布帝国的统治者，狮心王理查仍然是勇猛的武士国王，在欧洲享有盛誉，但没有在圣地站稳脚跟。萨拉丁和理查对更多战争和流血的渴望最终消退了，因此很快签订了条约。耶路撒冷仍在穆斯林的控制之下，但从那时开始，基督教朝圣者和商人将被允许进入这座城市，他们的权利受到法律保护。

对理查来说，这一条约将是他在圣地的最后行动，也拉下了第三次十字军东征的最后帷幕，随后国王立即返回了英格兰。但是，他的归途不会像上次那样一帆风顺，一系列的事件导致了他被捕和被暂时监禁，不得不面对更多的战斗。这场战争之所以将他载入史册，是因为他对圣地的追求，这是一段充满血腥、掠夺和宗教狂热的旅程，但最终还是没有成功取得领地。在那些视他为十字军基督徒国王的人与视他为不道德的冷血杀手的人之间，他遗留下的历史问题引起了持久的争议，至今仍在激烈地进行。

2000
参加第三次十字军东征在雅法最后一战的基督教士兵人数

17
狮心王理查在圣地停留的月份时间

威廉·华莱士

了解神话传说背后真实的他,以及他是如何通过激烈的游击战结束英格兰暴政的。

1297年秋天的一个早晨,一支由长矛兵、骑士、乡绅、市民和农民组成的苏格兰军队从他们扎营的岩石峭壁上向下张望。在下面,宽阔的福斯河从一片沼泽平原上蜿蜒流过,河上唯有一座横跨水流的狭窄木桥。自黎明起,苏格兰人就在斯特灵城堡的岩石下观察河对岸集结的大批英格兰军队的行动。如果苏格兰人看到几百名全副武装的骑士和士兵,可能会感到奇怪,一群未经训练的普通人怎么能抵挡得住重骑兵的冲锋。他们亲眼看到了他们的领袖——年轻的贵族安德鲁·莫瑞和令人闻风丧胆的"平民"威廉·华莱士拒绝向英格兰人投降。"回去吧,"华莱士对英格兰的特使说道,"我们来这里不是为了和平,你们应该知道,我们已经准备好复仇并为我们王国的自由而战。"当英格兰先头部队缓慢地通过这座桥时,华莱士和莫瑞命令他们的士兵准备一场决定苏格兰命运的战斗。与华莱士和莫瑞一起站在斯特灵桥上的人们,为了保卫他们的家园而拿起武器。这些毁灭家园的战争始于一系列变故,它结束了英格兰国王爱德华一世和他的姐夫——苏格兰国王亚历山大三世之间相对和平与繁荣的时期。对于中世纪的作家来说,皇室是维系王国的金线,但在1286年3月,这条金线随着悲剧的发生开始断裂。

苏格兰国王亚历山大三世在一天晚上坚持要独自回去找他的妻子,不幸的是,他从马上摔了下来,当场毙命。他在世时留下的唯一后代是他三岁的孙女玛格丽特——挪威国王的女儿。由于她年纪尚幼,议会以女王的名义选出了六名监护人来治理苏格兰。这六名监护人向他们的邻居和朋友——英格兰国王爱德华一世求助。人们当时都以为爱德华的儿子将和玛格丽特成婚——这门亲事将把苏格兰和英格兰统一于同一王朝之下——但1290年,玛格丽特的驾崩却让这一计划落空。维系王国间关系的金线就此断裂。

苏格兰没有明确的继承者——这段时期被称为"王位大诉讼"——很多贵族都发起了对王位继承权的争夺战,其中最有资格的人物是巴里奥尔和布鲁斯。面对王位争夺的内战,监护者们再次转向爱德华,他们请求爱德华在两者间做出裁决。在他做出裁决之前,狡猾的英格兰国王要求人们承认他就是苏格兰的君主。爱德华在1292年提出让约翰·巴里奥尔继承王位。在接下来的三年里,英格兰国王宣称自己在苏格兰具有最高统治者的权力。尽管巴里奥尔明知无法对抗爱德华，但到1296年，许多苏格兰人都准备发起反抗。他们同法国国王结盟，爱德华准备发动战争镇压叛乱。

苏格兰人对打仗可以说毫无准备。最初巴里奥尔根本无意作战，他的军队由一群贵族领导，没有任何作战经验。1296年复活节，英格兰国王指挥一支庞大的军队进攻苏格兰最大的城镇——贝里克。由于防御工事只有一条壕沟和一道木栅栏，当高高在上的英格兰国王骑马经过居民家门口时，人们怒目而视，甚至以谩骂来发泄不满。爱德华则指挥他的军队对这个城镇发起猛攻，很多人都死在了他的剑下。一个月后，苏格兰人遭遇了第二次进攻。爱德华国王军队的首领，约翰·德·瓦伦——萨里伯爵在邓巴城堡外俘获了苏格兰军队的主力。苏格兰人毫无防备地向前进发，结果被击溃。大批平民被杀，但大多数贵族得以逃入城堡，100多人投降。

面对这突如其来的灾难，巴里奥尔和贵族们的反抗意志崩溃了。当英格兰国王继续进军时，贵族们急忙求和。巴里奥尔未能在危机时刻领导他的人民，因此他落得了软弱无能君主的名声。巴里奥尔的外号"空大衣"就是源于1296年7月初，他在布里金投降，爱德华让这个倒霉的巴里奥尔脱下了他的大衣，上面印着苏格兰国王们的雄狮徽章。他被囚禁在伦敦塔，而命运之石——苏格兰国王站在其上加冕为王——王室

▲ 威廉·华莱士在斯特灵桥战役前不久拒绝英格兰人的投降条件

御宝也被掠走。为了巩固自己的统治，爱德华在贝里克郡的废墟上召开了议会，迫使苏格兰贵族——包括骑士、主教和王位继承人在内的人发誓效忠于他。有不下1900个名字签在了这份臭名昭著的《拉格曼文件》上。

大多数重要的贵族都被关押在英格兰，苏格兰政府则被野心勃勃的英格兰官僚所掌控，比如令人痛恨的司库休·克莱辛翰。对于已经习惯于本国法律治理和习俗生活的普通苏格兰人来说，无不对此感到震惊和耻辱。在整个王国，苏格兰的市民、自由民和农民正在经历新政权的统治，在当地城堡里，英格兰郡长带领着士兵对他们发号施令。这些"中间阶层"也许一开始还认为这是国王为争夺王位而进行的战争，但现在他们目睹了整个国家所遭受到的耻辱。他们被迫忍受英格兰政府的各种命令，以帮助苏格兰人对抗法国

在杀死治安官后的几个星期里，华莱士的支持者从苏格兰西南部的中间阶层和农民中发展成一支军队，但这些事件只是一场更大范围暴动的一部分。安德鲁·莫瑞——一位被囚禁在英格兰的贵族——设法从切斯特城堡逃脱，回到了他在苏格兰北部的家。

和华莱士一样，莫瑞也很年轻，且意志坚定。他的父亲拥有大量的田产，许多佃农都团结起来与他并肩作战。1297年5月下旬，他的追随者与因弗内斯的市民结盟，驱逐了英格兰驻军，并袭击了内斯湖的厄克特城堡。

英格兰人对敌情做出了错误的判断，他们迅速围捕了那些支持华莱士的贵族，但之后，用休·克莱辛翰的话来说："英格兰人已经睡着了。"华莱士和他的队伍已经从西部逃到埃特里克森林

▲ 苏格兰步兵在斯特灵桥战役中击败了英格兰先头部队

人的名义，爱德华掠夺了苏格兰农民和商人的货物。人们还担心，普通的苏格兰人会被迫在他的军队中服役。

威廉·华莱士就是在这种紧张的气氛下挺身而出的。他的身世至今是个谜，但当他被封为爵士时，英格兰人谴责他是一个强盗，并嘲笑苏格兰人试图把乌鸦变成天鹅。在现实中，华莱士是一位骑士的兄弟，他受过军事训练，但他很年轻而且没有土地。因此，使他成为人民领袖的是他的行为和能力，而不是他的出身或地位。1297年初，华莱士和一群人伏击并杀死了拉纳克郡的治安官威廉·赫塞尔里格。这件事在后来创作的故事中被戏剧化了，被描述成因"初夜权"而进行的复仇，华莱士的行动是当地人反对外国统治的一次抗击，这是公开反抗的开始。

▲ 约翰·巴里奥尔在被送往伦敦塔之前放弃了苏格兰的王位

高地地形图
中世纪苏格兰指南

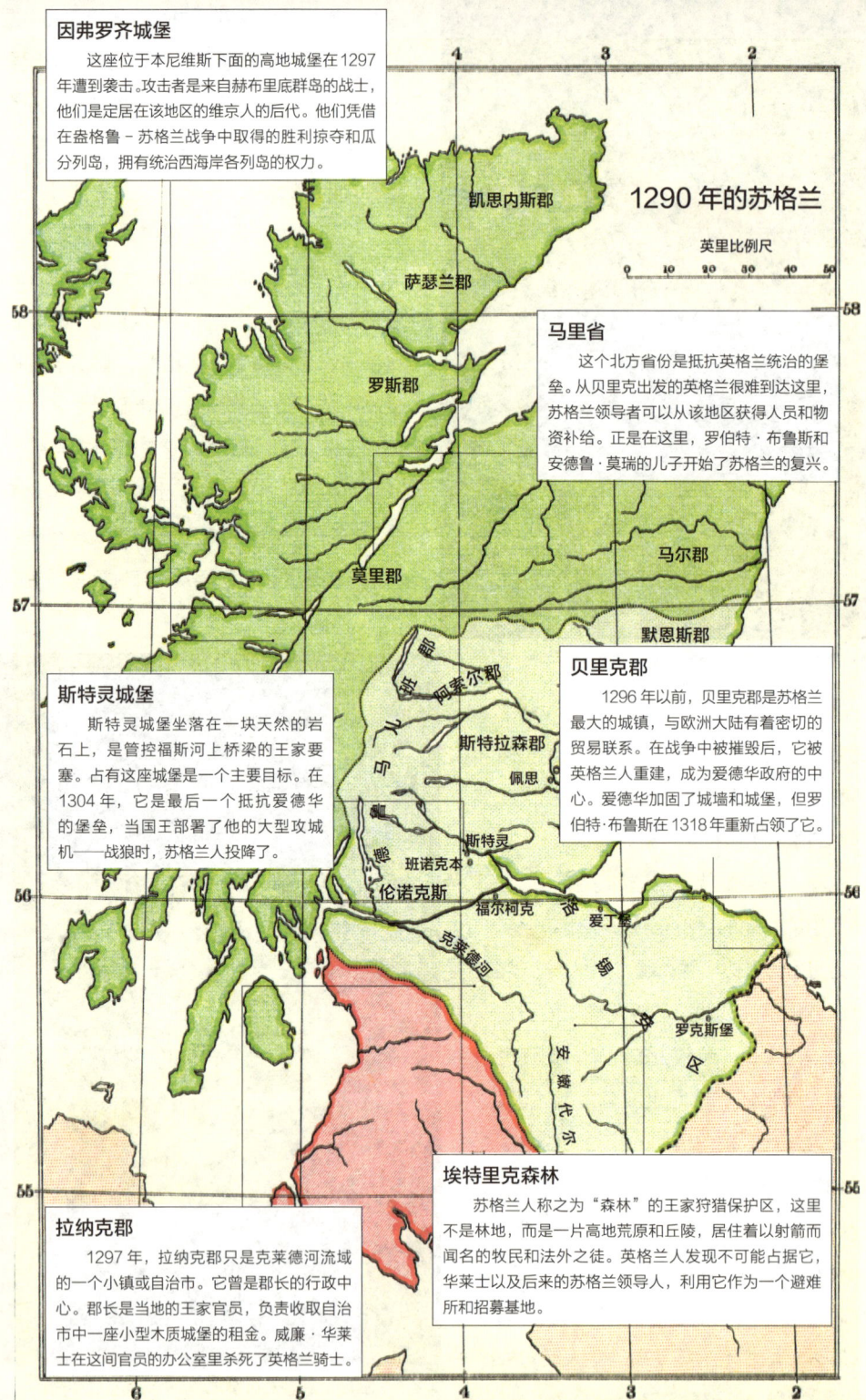

因弗罗齐城堡
这座位于本尼维斯下面的高地城堡在1297年遭到袭击。攻击者是来自赫布里底群岛的战士，他们是定居在该地区的维京人的后代。他们凭借在盎格鲁–苏格兰战争中取得的胜利掠夺和瓜分列岛，拥有统治西海岸各列岛的权力。

1290 年的苏格兰
英里比例尺

马里省
这个北方省份是抵抗英格兰统治的堡垒。从贝里克出发的英格兰很难到达这里，苏格兰领导者可以从该地区获得人员和物资补给。正是在这里，罗伯特·布鲁斯和安德鲁·莫瑞的儿子开始了苏格兰的复兴。

斯特灵城堡
斯特灵城堡坐落在一块天然的岩石上，是管控福斯河上桥梁的王家要塞。占有这座城堡是一个主要目标。在1304年，它是最后一个抵抗爱德华的堡垒，当国王部署了他的大型攻城机——战狼时，苏格兰人投降了。

贝里克郡
1296以前，贝里克郡是苏格兰最大的城镇，与欧洲大陆有着密切的贸易联系。在战争中被摧毁后，它被英格兰人重建，成为爱德华政府的中心。爱德华加固了城墙和城堡，但罗伯特·布鲁斯在1318年重新占领了它。

埃特里克森林
苏格兰人称之为"森林"的王家狩猎保护区，这里不是林地，而是一片高地荒原和丘陵，居住着以射箭而闻名的牧民和法外之徒。英格兰人发现不可能占据它，华莱士以及后来的苏格兰领导人，利用它作为一个避难所和招募基地。

拉纳克郡
1297年，拉纳克郡只是克莱德河流域的一个小镇或自治市。它曾是郡长的行政中心。郡长是当地的王家官员，负责收取自治市中一座小型木质城堡的租金。威廉·华莱士在这间官员的办公室里杀死了英格兰骑士。

领主们和女士们

忠诚分裂导致了王国的不稳

国王
国王不仅是政府首脑,还是王国的象征。他应该维持贵族们之间的和平,保护教会和弱者,并领导军队。王室的失败给苏格兰带来了灾难。

约翰·巴里奥尔,苏格兰国王
巴里奥尔所受的训练不是为了王权,而是为了教会。面对爱德华一世和他野心勃勃的贵族们,约翰被证明无法胜任他的角色。

伯爵和大领主
这些贵族统治着苏格兰广大的省份,他们在那里统治百姓,领导军队。伯爵们也为国王出谋划策。他们之间的世代血仇可能会破坏王国的稳定。

罗伯特·布鲁斯,卡里克伯爵
布鲁斯家族认为他们是真正的王位继承人。1297年,罗伯特为苏格兰而战,但他的野心是夺取王位。1306年,他实现了这个目标。

格拉斯哥主教罗伯特·维沙特
维沙特是苏格兰独立的坚定支持者。1297年,他因支持华莱士而被英格兰人囚禁。

神职人员
教会位于王国正常等级制度之外。他们对教皇和国王都很顺从。苏格兰神职人员习惯于捍卫自己的权利,反对英格兰教会,并利用他们的技能和权威来鼓励支持独立。

威廉·道格拉斯勋爵
道格拉斯是一个强盗男爵,他经常触犯法律。战争一开始,他的技能就派上了用场。他是华莱士的盟友,他的儿子是布鲁斯的主要支持者。

威廉·华莱士
华莱士的未来本应是一个流浪的士兵或农民。特殊的环境使他成为苏格兰的统治者。

小男爵和骑士
这些人受过军事训练,拥有众多的佃户和小城堡,是苏格兰的小贵族。这群人是王公贵族的主要追随者。他们通常扮演的是地方保护者和领袖的角色。

中间阶级:自由民和市民
在一般时期,这些富农和市民在他们的城镇之外不会被视为政治上的重要人物。然而,当他们手持长矛,身穿皮革或软甲时,就会成为军队的中流砥柱。

农民
绝大多数人口是农村劳动力。战争给他们带来了威胁和机遇。农民变成了土匪、武装的强盗和军队的追随者。

的山上,在那里的人们继续向他的旗帜集结。与此同时,在北部300多公里处,莫瑞也取得了胜利,击溃了孤立的英格兰驻军。伦敦的爱德华国王和他在贝里克的官员们只能写信要求苏格兰贵族阻止莫瑞。到了8月,泰河以北的英格兰地方当局已经瓦解,华莱士带领他的追随者们向北与安德鲁·莫瑞的队伍在邓迪城外会合。面对这场危机,最终萨里伯爵带队出征。他从英格兰北部召集了一支大约由5000名步兵和500名重骑兵组成的军队,带领他们向英格兰控制的斯特灵城堡进发。

这里是苏格兰的战略要地。苏格兰战争中的三场主要战役都发生在这座城堡附近,绝非偶然。设置于岩石之上的要塞,扼守着斯特灵桥,这里是军队进入苏格兰北部的唯一陆路通道。如果萨里想为他的国王赢回北方,就必须通过这里。他的敌人同样也知道这一点。9月11日上午,莫瑞和华莱士带着他们的人在阿比·克雷格安营扎寨。阿比·克雷格是斯特灵桥北部的一处露出地面的山石,在这里他们可以清楚地看到下面的平原。他们带领了和萨里同样数量的士兵,但几乎没有骑兵。

萨里伯爵显然看不起苏格兰军队及其指挥官。想起前一年,他希望他们要么屈服,要么消失。

使华莱士成为人民领袖的，不是他的出身或地位，而是他的行为和能力，为他赢得了人们的支持。

他召回了前往斯特灵桥的前锋。随后，伯爵封他的一些追随者为爵士，并派遣使节向苏格兰人招降。但最后，他准备开始行动。在一次战前会议上，萨里军队中一位苏格兰骑士提出警告："如果我们过桥，就死定了。斯特灵桥是座小桥，宽度仅容两匹马并辔而过。而我们的敌人在开阔的空地，他们的全部力量会一起扑向我们。"他提出带领军队逆流过浅滩，对苏格兰部队的侧翼进行包抄，但"自负的"司库克莱辛翰否定了这个方案，他要求立即越过这座桥，以结束战争并节省开支。英格兰的争执不休给了莫瑞和华莱士足够的时间带领他们的士兵进入斯特灵桥北部的低洼地带。上午11点，当英格兰先头部队开始鱼贯通过狭窄的桥时，苏格兰人已经做好了战斗准备。

斯特灵桥上挤满了向河流北岸行进的人和马。莫瑞和华莱士在等待最佳进攻时机。当大约三分之一的英格兰军队过桥时，他们发动了进攻。苏格兰长矛兵向前猛冲，对桥的北端发起了最猛烈的攻击。英格兰人的前锋被打了个措手不及，很快被击退了。最激烈的战斗可能是夺取大桥和堤道的控制权，许多人被赶进河里淹死了。一旦苏格兰军队取得了战斗的胜利，已经越境的英格兰人就被切断了同自己军队的联系。

随着英格兰的桥头堡被敌人占领，萨里伯爵只能惊恐地看着他的先头部队在福斯河对岸遭遇厄运。一位英格兰骑士马默杜克·特翁设法把受伤的侄子抬到安全的地方，强行过桥返回，但他的战友们却陷入河水的旋涡当中。一些没有盔甲的威尔士弓箭手跳入河中游回南岸，以此幸免于难，但全副武装的士兵在战斗中则面临溺水死亡。他们寡不敌众，被苏格兰人打败了。死者中有克莱辛翰，他的尸体被剥了皮用来制作纪念品。看到军队的惨败命运，萨里的精神彻底崩溃。他逃离了战场，向南奔向贝里克。在他身后，斯特灵城堡和苏格兰南部大部分地区向胜利者缴械投降。苏格兰军队在战斗中也遭受了损失。安德鲁·莫瑞受了伤，虽然他坚持了几个月，但到年底的时候，这位勇敢的北方领袖因伤重不治而亡。对英格兰发起叛乱的人们收复了苏格兰，并建立了一支军队。现在这支军队的指挥官是威廉·华莱士，在莫瑞死后，他被任命为王国的唯一护国主。整个冬天他都在训练军队，为即将到来的暴风雨做准备。一听到斯特灵桥之战失败的消息，爱德华一世就回到英格兰准备复仇。6月下旬，他率领一支约两万名步兵和2000多名装甲骑兵的庞大军队来到了边境。面对这个来势汹汹的国王，华莱士起初避免正面交战。他认为，在前进的过程中，要喂饱这么多的人和马会给爱德华带来很大的困难。就在英格兰军队几乎要崩溃的时候，华莱士决定战斗。作为一个权力不是来自他的地位而是来自他的领导力的领导者，他觉得有必要展示自己保卫苏格兰的能力，但他的决定是灾难性的。7月22日，他把他的长矛兵组成了密集的编队，命名为华莱士的"环形方阵"（schiltroms）。尽管为数不多的苏格兰骑兵逃走了，华莱士的骑士团还是击退了爱德华骑士的首次冲锋。然而，英格兰国王并没有惊慌失措，他派出弓箭手向苏格兰长矛兵射击。随着苏格兰方面的人数逐渐减少，爱德华派出骑兵，英格兰军队将苏格兰军队打得溃不成军。成千上万

▲ 由于没有华莱士当时的形象，所以我们只能依靠艺术进行诠释

◀ 苏格兰国家肖像画廊展出的这幅壁画，展示了苏格兰独立战争时期的许多著名人物，威廉·华莱士在第一排

的苏格兰人在这场血腥的战争中丧生。华莱士逃脱了，但他和莫瑞创建的军队被摧毁了。

尽管苏格兰人在福尔柯克打了败仗，但抵抗爱德华的力量并没有崩溃。1297年的叛乱既表明了苏格兰独立的信念，也表明了对抗强大敌人的方法，但华莱士作为反抗军领袖的角色在福尔柯克之役后结束了。他辞去了护国主的身份，1299年离开了苏格兰。然而，华莱士并没有放弃斗争。他拜访了法国国王，可能还拜访了教皇，努力争取他们对苏格兰独立事业的支持。1303年，他回到了自己的家乡，重新踏上战场，但经过六年的战争，苏格兰人再次战败。作为一支小分队的指挥官，华莱士在1304年苏格兰最后一个据点——斯特灵城堡失守后继续战斗。爱德华从来都不是一个仁慈的人，他对敌人毫不留情，没有任何宽恕承诺，下令抓捕华莱士。

1305年8月，苏格兰贵族约翰·德·门提斯在格拉斯哥附近抓获了华莱士，并凭此邀功请赏。华莱士在威斯敏斯特大厅受审，他否认了叛国罪的指控，理由是他从未宣誓效忠英格兰国王。但审判还没开始，就已经做出了判决。华莱士于1305年9月在伦敦的史密斯菲尔德以叛国罪被处以死刑。在遭受了绳勒、刀割、火烧等酷刑后，威廉·华莱士被斩首，身体被肢解为四块，分别被送往英格兰和苏格兰的四方，头颅则被悬挂在伦敦桥上。

如果爱德华认为华莱士的死标志着反抗的结束，那么他显然错了。六个月后苏格兰人再次起义。威廉·华莱士和安德鲁·莫瑞带领军队在斯特灵桥取得的那场胜利，早已重新点燃了苏格兰人的希望之火，开始了争取独立的斗争——一场他们最终会取得胜利的战斗。

1624年瑞典国王古斯塔夫·阿道夫的画像

古斯塔夫·阿道夫

他的军事实力为他赢得了"北方雄狮"的称号。

古斯塔夫·阿道夫（1594—1632）是瑞典瓦萨王朝卡尔九世国王的长子。他一生骁勇善战，改变了整个瓦萨王朝的地位，使其在欧洲的政治生活中谋得重要席位。

古斯塔夫·阿道夫16岁登上王位时，瑞典还是一个正在同斯堪的纳维亚半岛和波罗的海邻国争夺政治和经济优势的北境之国。古斯塔夫·阿道夫的成功主要有三点：首先，他是一位虔诚的路德派教徒，坚信他的事业是公正的；其次，他是杰出的战略家和战术大师；最后，他得到了大法官阿克塞尔·奥克森谢纳的支持。古斯塔夫·阿道夫四处征战时，阿克塞尔·奥克森谢纳协助其掌控瑞典的国内大局。

地理环境是导致瑞典经济实力不足的因素之一。位于西部的狭窄海上通道是其唯一的贸易通道，但是这里大部分领地均由丹麦控制，波罗的海北部的主要港口如瓦纳、雷瓦尔、里加和但泽为波兰所掌控。这阻碍了大量用于开发建设的宝贵资源如木材、铜、铁等材料的出口。古斯塔夫与波兰国王西吉斯蒙德二世为争夺瑞典王位征战不休，直至1613年，这场王位争夺战以签署令人不满意的《克奈尔和平协议》告终。但是对于古斯塔夫而言，一切还没有结束，他发誓要让瑞典摆脱地缘政治的束缚。他率先将注意力转向芬兰湾，因为国内政治纷争，沙俄对芬兰湾的掌控正在削弱。1617年战争结束，古斯塔夫不仅占领了卡累利阿的安丁里亚省，同时也封锁了沙俄在波罗的海的航运通道。在此之后，古斯塔夫开始筹备同芬兰的战争。这场新的战争持续了12年之久，最终古斯塔夫从波兰手中夺取了爱沙尼亚和利沃尼亚两个省份，并占据了波罗的海沿岸非常重要的一段领地。

通过早期的一系列征战，年少继位的国王积累了许多军事经验与教训，这有助于其日后发动新的战争。古斯塔夫最大的收获就是军事技术和战术的创新。他将二者结合起来，使军队变得更灵活机动。他将以往军队所使用的标准重型大炮改成轻便且能灵活移动的大炮，这种改变使他的

▲ 在一场风雨之战中，蒂利伯爵死于古斯塔夫·阿道夫强大的军队之手

变化。作为指挥官的古斯塔夫可以迅速调动这些小型组合，并实现对陆地战场的控制。

训练官兵学习他们所不熟悉的战术需要非常严格的纪律，古斯塔夫的另一个优势就是管控和管理部队人员的能力。虔诚的路德教徒身份赋予了他极高的道德标准。在17世纪抢劫和掠夺是军队特别是雇佣军最为常见的做法，而瑞典国王对非战斗人员的暴力行为设立了非常严格的规定和惩罚措施。除了聪明且富有想象力之外，古斯塔夫最大的优点就是他的个性。他在战场前线的指挥不仅鼓舞了他的追随者，更赢得了对手的尊重。这头北方雄狮凭借一己之力，改变了30年战争（1618—1648）的整个进程。

这场在中欧发生的最具破坏力的巨大冲突，

部队能够根据不断变化的环境迅速做出移动和应对。古斯塔夫还组建了规模庞大、机动灵活的海军，以此来保证陆军的补给。利用这种方式，古斯塔夫成功地突破了瑞典地理位置的局限，并使其成为新的优势。通过建立波罗的海控制权，古斯塔夫可以不断壮大自己的海军力量，随时随地将军队送往海岸各处。比如，在1630年入侵德国时，他用25艘军舰将他的部队运送到波罗的海沿岸的佩内明德（300年后，该地因纳粹德国秘密研制远程导弹而臭名昭著），然后再用100艘更小的船让他们迅速登陆。海军在保持通信线路畅通方面所起到的作用对于军队向内陆进发非常重要。

作为一名军事战术专家，古斯塔夫的方法具有极大的先驱性。不同于传统部队部署大量步兵，再配以骑兵辅助的方式，古斯塔夫在瑞典创建了更小单位的步兵、骑兵和炮兵组合的全新模式。这种模式的最大优点就是具有更大的灵活性，能够更好地应对战场情况，迅速做出反应和

▲ 古斯塔夫·阿道夫身披铠甲的画像

一座城市的毁灭

马格德堡城如何被侵略者蒂利残忍地摧毁。

马格德堡城始建于805年,这座繁华的城市在1631年5月初时就已经是一座拥有3万人口的城市了。但到1631年5月底,仅剩几百名市民在一片废墟中幸存下来。蒂利伯爵急于为帝国的皇帝占领这个重要的城市,但是马格德堡拒绝投降。新教的多数派希望古斯塔夫·阿道夫能够来帮助他们,但他仍在奥得河畔法兰克福无法脱身,只派遣了一名军官去帮助抵抗进攻。蒂利手下的士兵早已饥肠辘辘,甚至近乎绝望,他们知道必须在瑞典人的援兵到达之前攻破这座城市的大门。5月17日,他们首先发起了猛烈的炮击。5月20日黎明,城墙被打开了一个缺口,侵略者乘机蜂拥而入。保卫家园的人们虽然打了一场漂亮的防御战,但无力阻止一场屠杀、暴行、掠夺和破坏的狂欢,这场战争的破坏程度震惊了整个欧洲。蒂利的部队扫荡了全城,并且完全失控。他们闯进酒窖喝得酩酊大醉。他们不仅是野人,还是一头头醉醺醺的野兽,他们屠杀遇到的每一个蜷缩在角落的男人、女人或孩童。蒂利尽其所能想减轻些痛苦。他让600名妇女和儿童聚集到大教堂,并在门口设置了卫兵把守。然而,更糟糕的事情还在后面。在进攻开始时,他们放火烧毁了一扇城门,以防止它再次关闭。风把火星吹落到铺着茅草的屋顶上,又吹落到街道木屋上。美丽的马格德堡顿时陷入一片火海。

城市燃烧后的灰烬过了几天时间才落定,大教堂和其他几座教堂以及其他公共建筑焦黑的墙壁就像一座座墓碑一样耸立着。蒂利也因其所作所为而被称为"马格德堡的屠夫",情形已经完全失控。他下令将幸存的民众安置在一座修道院的废墟中。他们蜷缩在毯子下面,因饥饿而接连死去。这给皇室的军队埋下了潜在的疾病威胁,他们根本无法将如此多的尸体——埋葬。最后,蒂利下令把所有剩下的尸体统统扔进易北河。几个月后,河面上漂满腐烂的尸体。直到其后一个世纪,马格德堡才逐渐恢复了昔日的繁荣。

▲ 马格德堡被大火夷为平地,所有在这场大火中幸存下来的居民后来都死于饥饿

▲ 古斯塔夫·阿道夫在1632年的吕岑会战中受了致命伤

一群暴怒且饥饿的军队使马格德堡遭受了最为严重的掠夺和破坏。

最初是由神圣罗马帝国皇帝斐迪南二世挑起的。斐迪南"统治"下的领土被划分为300多个半独立的公国、自由城市和教会领地。他试图重新统一他的广大领土,并将它们全部纳入罗马天主教会的势力范围。最初,罗马帝国作为一股强大的政治、宗教力量与教皇结盟,但自宗教改革(1517)开始以来的一个世纪里,许多州都信奉了新教,皇帝的臣民中约40%归属于路德派或加尔文派。在此情况之下,斐迪南二世想方设法进行反扑。他以维也纳为根据地,在哈布斯堡王朝的亲戚——西班牙国王的帮助下,发动了一系列战争。到1630年,虽然他在德国各地取得了相当大的成功,但是也引起了恐慌和怀疑。新教国家如荷兰、丹麦、瑞典、英格兰和苏格兰惧怕天主教的十字军,同时信奉天主教的法国则面临着被哈布斯堡王朝包围的局势。这就是古斯塔夫·阿道夫介入的时机,这次介入充满着戏剧性。

古斯塔夫·阿道夫的军队在佩内明德登陆时,其首要目标就是要阻止斐迪南皇帝控制波罗的海大部分海岸线。他打算"折断帝国的翅膀,使它不能再次飞翔"。但是,这样做面临着巨大的风险。斐迪南二世是波兰国王西吉斯蒙德三世的朋友和支持者,此时的波兰国王正一心想要复仇。毫无疑问,一旦他在波罗的海建立起基地,皇帝就会支持进攻瑞典的方案,并实现让西吉斯蒙德登上王位的计划。对于双方来说,另一个事实就

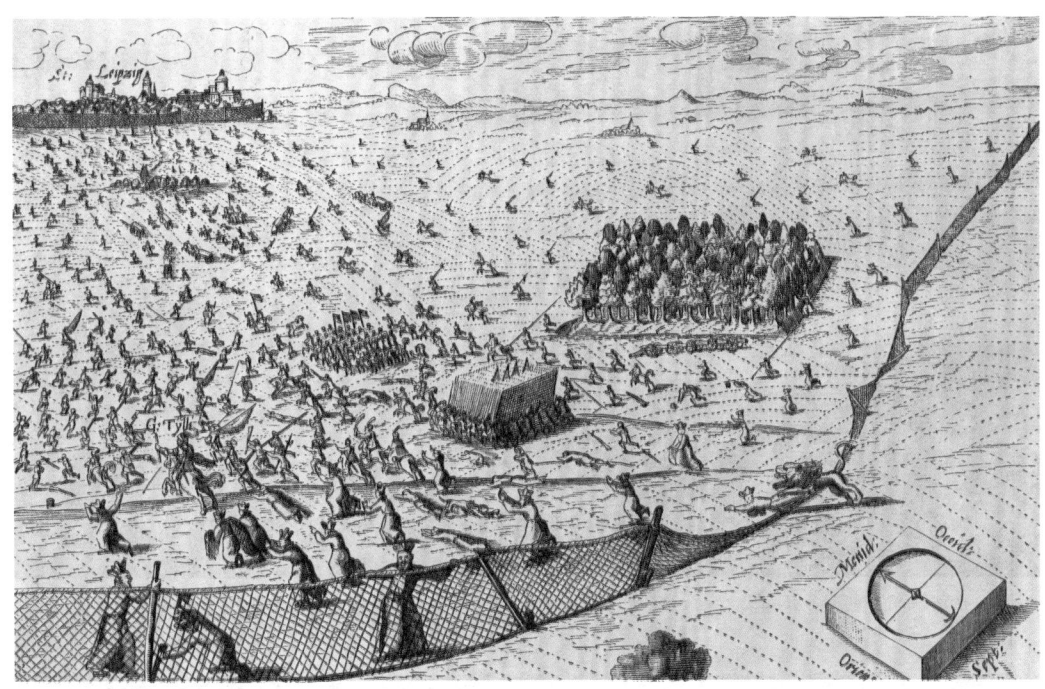

▲ 一幅描绘蒂利伯爵在布雷滕菲尔德战役中战败的绘画作品

是宗教是他们战略中的主导因素。斐迪南是虔诚的天主教徒，他自认为肩负着一项使命，那就是要把教皇的权威扩展到所有拒绝接受教皇权威的"异端"国家。古斯塔夫同样也坚守他的信仰，他不是在捍卫自己头上的王冠，而是以新教徒斗士的身份投入到这场战争中，为所有新教徒争取权利，以避免教皇的统治。因此，就像帝国取得节节胜利，斐迪南的军队稳步向北推进一样，要想逆转其前进的脚步就必须将瑞典军队无情地向南推进到帝国的心脏地带。

当古斯塔夫在德国北部上岸时，他的到来并没有让神圣罗马帝国的高级将领们感到胆战心惊。约翰·塞尔克莱斯，即蒂利伯爵领导的军队，相信自己有能力应对来自古斯塔夫的威胁。德国北部的新教领袖们并没有反过来欢迎古斯塔夫作为他们的救世主。他们非常清楚，如果古斯塔夫失败，那么他们叛国的行为必定会遭到惩罚。此时唯一支持古斯塔夫的就是法国。黎塞留是路易十三的宰相，他希望在不卷入战争的情况下，限制哈布斯堡王朝的权力。因此，他给予古斯塔夫财政上的支持。1631年春天，两军缓慢地向对方靠近，双方指挥官都决心同阻碍他们前进的敌人进行战斗。古斯塔夫在库斯特林和奥德河畔的法兰克福向帝国军队发起了压倒性的攻势。蒂利伯爵参加了围攻马格德堡路德城的军事行动。这场陷入僵局的战争称得上17世纪军事史上的灾难。军队需要食物供给，而食物短缺时，军队开始变得难以控制。古斯塔夫在法兰克福依靠他的盟友们才得以勉强支撑，蒂利则在240公里之外受到马格德堡的顽强抵抗。马格德堡直到5月20日才被攻陷。接着，愤怒和饥饿的帝国军队对它进行了难以想象的最为严重的掠夺和破坏。颇为讽刺的是，蒂利手下的野蛮行为致使胜利的天平开始向他的敌人倾斜。当帝国暴行的消息传开之后，犹豫不决的新教领袖向瑞典国王寻求支持。

得到新的支持后，古斯塔夫的军队进一步

▲ 皮特·斯奈德描绘的布雷滕菲尔德战役

▲ 1631年古斯塔夫·阿道夫在布雷滕菲尔德战役中的骑马肖像画

壮大，最终于9月17日在莱比锡北部的布雷滕费尔德村同敌人相遇了。瑞典国王指挥着2.3万名身经百战的老兵和1.8万名经验不足的撒克逊新兵。蒂利的部队共有3.1万人，并且刚刚经历了马格德堡战役。古斯塔夫具有炮兵优势，他有51门传统的加农炮（而蒂利拥有27门），还有一排小巧轻便的新型大炮。数字上的差异并不是决定性的，蒂利所要面对的还有他从未见过的陌生战斗阵型。他看到瑞典国王不再让一群骑兵簇拥着反应迟钝的步兵，而是将他的骑兵部队排成方阵，并在他们中间安插了一排火枪手。后者五人排成一列，一个接着一个。前面的人跪着，以便他和后面的士兵可以同时开火。一旦射击完毕，就退到纵队后面去装填子弹，后面的人再替换他们的位置。这样，瑞典人就能保持不间断的火力，同时，较为松散的骑兵队形使得骑兵的行动比传统纵队更加自由。敌人大炮造成的任何攻击都没有给他们的队伍造成严重的破坏。蒂利的骑兵一次又一次地发起冲锋，并用他的大炮轰击瑞典军队，但是古斯塔夫的军队始终坚守阵地。一旦他们的队伍出现缺口，灵活的阵形便会马上补充完整。帝国军队终于在磐石般的瑞典军队面前开始分崩离析。尽管瑞典人的撒克逊盟友被赶出了战场，但帝国军队仍然无法取得战术上的优势。随着时间的推移，僵局似乎仍然无法打破。后来风向改变了，风力也变得更强，一团团令人窒息的灰尘吹到了蒂利疲惫不堪的将士们脸上。他们被烟雾所笼罩，四处乱撞，脚步蹒跚，方寸大乱，最后转身逃跑。在这场战争中，他们共死亡7600名士兵，而更多的人则在逃亡中被杀。胜利的一方俘获了8000名俘虏，以及所有的军火和运输工具。在不到两个小时的战斗中，蒂利损失了三分之二的军队。

正是这两个小时改变了欧洲历史的进程。天主教联盟被迫退回到自己的中心地带——巴伐利亚和奥地利。他们夺回德国北部的战斗结束了。古斯塔夫·阿道夫下一步有什么打算呢？在波西米亚度过了一个冬天之后，北方雄狮又开始了他新的征程。这头雄狮夸口说，不出几个星期，他就会成为维也纳的统帅。纽伦堡、因戈尔施塔特、奥格斯堡和慕尼黑都向他敞开了大门。蒂利试图再一次阻止这个瑞典巨头。他把军队驻扎在莱希河岸边，靠近多瑙河的交汇处。但是在无情的炮火之下，古斯塔夫凭借其搭建的一座桥冲破了帝国军队的防线，而这一次，蒂利伯爵战死在了疆场。

在绝望之中，斐迪南二世向独立军阀阿尔伯莱希特·文策尔·冯·华伦斯坦求助。这位雇佣兵首领冷酷无情、自私自利，在其因无耻行为而被皇帝解雇之前，他为帝国争得了很多利益。现在斐迪南不得不毕恭毕敬地去找华伦斯坦。这位官复原职的将军凭借着强有力的防御，发起了一场防守战，并于1632年秋季引诱古斯塔夫发动了一系列毫无结果的进攻。然后，他将部队遣散冬歇。但是，古斯塔夫再一次拒绝遵守游戏规则。他没有让他的士兵在冬天休息，而是袭击了华伦斯坦位于莱比锡南部吕岑的总部。曾经发生在布雷滕费尔德村的场景重现，华伦斯坦将军一次又一次地将他的士兵驱向瑞典人的阵地。黄昏降临时，整个战场被大雾所笼罩。但华伦斯坦并非一无所获，他得到了一个安慰奖——古斯塔夫·阿道夫从战线右翼回援中央过程中与队伍脱离，结果遭遇帝国军队而阵亡。后来斐迪南收复了大部分失地。但此时的德国已经筋疲力尽，可以说是一蹶不振。而华伦斯坦的傲慢使他最终被皇帝下令刺杀。

"本世纪最伟大的人"?

古斯塔夫取得的成就可以也应该被人们关注，但我们不要忽视他身边得力助手的作用。

如果没有阿克塞尔·奥克森谢纳·瑟德摩伯爵（1583-1654）的支持、建议和管理技巧，古斯塔夫·阿道夫就不可能取得如此成就。阿克塞尔·奥克森谢纳出生于一个瑞典贵族家庭，几代人以来，这个家族一直参与治理瑞典各项重要事务。他的教育和成长历程遵循了传统模式，即年轻人逐步成长为大庄园的主人、王室成员和政府的管理者。在他二十岁出头的时候，他已经是国王查理九世枢密院的一员了，在此期间他接受了第一次外交使命。他显然是一位非常忠诚的王室成员。然后，查理九世发现了这个年轻人的才华，国王于1611年去世时，他的继任者古斯塔夫任命奥克森谢纳为他的首席顾问，即最高法院大法官。因此，在30岁之前，奥克森谢纳就已经开始参与制定国家政策，并执掌国家行政部门。由于古斯塔夫在位期间的大部分时间都在四处征战，所以实际上是作为大法官的奥克森谢纳在"管理瑞典"。

▲ 阿克塞尔·奥克森谢纳的晚年画像

奥克森谢纳究竟具备怎样的品质才使得他取得如此成就？首先，他是一个实用主义者。古斯塔夫认为奥克森谢纳对于他所热衷的事情表现得非常冷静。年轻的国王有时会表现得刚愎自用，而此时他的大臣则会向他解释什么是可为的，什么是不可为的。其次，奥克森谢纳工作非常努力。他的王室主人曾参加过同丹麦、波兰、俄国和神圣罗马帝国的战争，因此必须有人确保国王能够有充足的资金和资源来成就他的伟业，那个人就是奥克森谢纳。最后，财政大臣同时也是一位行政管理的天才。他非常明确在哪里需要进行改革以提高政府的工作效率。奥克森谢纳的才干不仅仅给国王留下了深刻印象，杰出的法国政治家黎塞留也曾称赞过他提出的明智建议。在遥远的罗马，教皇乌尔班八世曾称，这个"异端"路德派教徒会是世界上最优秀的人之一。伟大的荷兰法学家和哲学家雨果·格劳修斯是这个时代最具独创性的思想家之一，他认为阿克塞尔·奥克森谢纳是"本世纪最伟大的人"。

一旦他们的队伍出现缺口，灵活的阵型便会马上补充完整。

三十年战争从此进入了一个新的阶段，成为了法国和哈布斯堡王朝之间的主要竞争。瑞典的参与是非常有限的，主要是为了保全在战争期间取得的成果。在这一过程中，阿克塞尔·奥克森谢纳发挥了主要作用。同德国北部各州订立的条约确保了新教缓冲区。瑞典取得了对波罗的海的控制，到1648年时，瑞典在其南部海岸线又获得了新的领土。

尽管古斯塔夫·阿道夫是一位非常杰出的人物，但我们不应简单地把欧洲历史的重大变化仅仅归因于战场上的成功。瑞典国王因采取了明智的经济政策而巩固了它在欧洲的地位，并由具有同样成就的大法官实现。为战争机器提供支撑的经济革命促成了新的铸造厂和其他工厂的建立，而这些铸造厂和其他工厂的建设资金则来自阿姆斯特丹银行家提供的贷款。同时，我们也不应该忘记在古斯塔夫·阿道夫的"辉煌"战役中牺牲的无辜生命。在这些年中，他的军队共摧毁了1500个德国城镇、1.8万个村庄和2000座城堡。战争是由将军们指挥的，但谁才是真正的英雄呢？

▲ 蒂利伯爵，古斯塔夫的对手

▲ 悬挂于瑞典国家博物馆内的瑞典国王画像

约翰·丘吉尔
第一代马尔博罗公爵

这位军人政治家树立了卓越的榜样,壮大了英国的军事力量,并很有可能激发了他最著名的后人——温斯顿·丘吉尔的灵感。

★★★★★★★★★★★★

不列颠群岛的自由正受到欧洲暴政的威胁。这个国家知道它无法独自生存——它需要朋友来组成强大的联盟。丘吉尔需要采取迅速而巧妙的行动,以确保能够拯救同整个欧洲大陆的关系。在这个关键阶段,他的行动使他成为英国最伟大的战争英雄之一。

如果这一幕发生在1940年,也就是第二次世界大战初期,也许是可以被原谅的。然而,这是在1702年,这场冲突是西班牙的王位继承之战,而这位丘吉尔则是马尔博罗第一代公爵——约翰。他的一生启发了众多英国历史名人。温斯顿·丘吉尔对约翰的英雄崇拜不仅来自他们共同的血统,也来自对他所承担的压力的深刻理解。

约翰·丘吉尔是温斯顿·丘吉尔(另一位温斯顿·丘吉尔)的儿子,温斯顿·丘吉尔是一名国会议员,他在英国内战中不幸地站在了战败的一方。支持骑士队让他付出了沉重的代价,也让他的家族陷入贫困。据说,丘吉尔家族的座右铭"忠诚而不幸"就是从这个时代产生的。然而,在1660年王朝复辟后,他们的命运确实得到了改变,年轻的约翰成了约克公爵——未来的詹姆斯二世的侍从。

和他著名的后代一样,约翰也是一位非常聪

▲ 萨拉·詹宁斯是一位非常有影响力的人物

《丘吉尔》中的丘吉尔

了解一下温斯顿是如何把他对约翰的赞赏倾注到可以说是他最好的文学作品中的。

温斯顿受到他著名的祖先约翰的鼓舞并为他而感到骄傲,这并不奇怪。他既佩服温斯顿敏锐的军事战略,也佩服他高明的外交手腕,温斯顿本人对这两件事也非常重视。他的祖先从未有过败绩,这个信念鼓舞着温斯顿,而他希望在自己的军事和外交生涯中复制的正是这种出色的成功经验。尽管他们都来自贵族家庭,但这两个人都不是那种安于现状、过着名利双收生活的人。两人都成了人民心目中的英雄,所以很容易理解为什么温斯顿与他的祖先有着深刻的共鸣。

虽然约翰因为他的军事成就而受人尊敬,但以前的传记作者把他描绘成一个不受欢迎的人。最著名的是托马斯·麦考利,他的写作比温斯顿早100多年。麦考利的作品批判约翰从詹姆斯二世到奥兰治的威廉的转变,把他描绘成一个自私、邪恶的人。这种看法并不少见,温斯顿讲他自己对约翰的故事的看法,部分原因是为了扭转这种卑鄙的形象。温斯顿所著的关于他祖先的传记——《马尔博罗:他的一生和时代》,共分四卷,第一卷于1933年出版。温斯顿在前言中说:

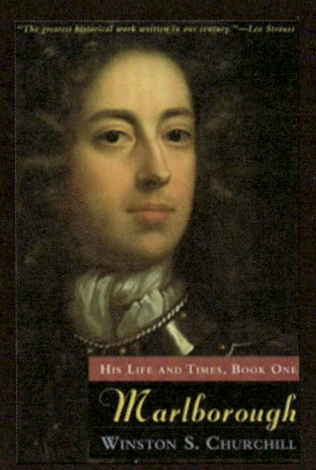

"我希望能从过去的阴影中回忆起这个伟大的人物,不仅给他披上甲胄,而且还要让他在现代人眼中富有生气且亲切。"

我们可以看出他对这本传记的写作是多么投入,因为据说他给人们写了300多封信,询问人们对他正在进行的工作的意见。这是温斯顿为一个他所深深钦佩之人付出的充满爱的工作。正如预期的那样,这些书扭转了麦考利所描绘的形象。它们试图用宗教、道德、爱国动机等高尚纯洁的缘由来解释约翰为何改变立场。虽然温斯顿的作品在写作和研究方面非常专业,但约翰抛弃了一个他几乎亏欠一切的人,这一事实终究难以掩盖。

一些批评温斯顿作品的人说,他用来画路易十四的画笔是约翰曾经用过的那种恶毒的画笔。然而事实是,正如作品中所展现的,温斯顿仍然将其视为自己的英雄。因此,某种程度的偏见必然会渗透到他的作品中。尽管如此,最终完成的作品还是受到了评论家的好评,罗伊·詹金斯称其为"启示",政治哲学家列奥·施特劳斯称其为20世纪最伟大的历史作品。

明的年轻人,他下定决心要成为一名士兵,并于1667年加入了英国掷弹兵近卫团。他的军事生涯是这样的:在1672年法荷战争中服役时被提升为上尉;在马斯特里赫特之战中救了蒙茅斯公爵的命,并因此获得了嘉奖。据说,这一举动赢得了法国国王路易十四的赞扬。

约翰卓越的职业生涯和敏锐的军事嗅觉使他的军衔晋升迅速。他不仅得到了上级的重视,也赢得了普通士兵的钦佩。这和温斯顿的军旅生涯并没有什么不同。两人在年轻的时候都被推到了相对显赫的位置,两人都感受到了由此带来的压力和期望。

温斯顿和约翰的相似之处不仅限于战场。当约翰回到圣詹姆斯宫时,他的心被年轻的萨拉·詹宁斯所吸引,她是安妮公主美丽的侍从。她的家族因债务而变得一贫如洗,对于一个战争英雄来说,她不可能是最有吸引力的人选。尽管如此,约翰还是被迷住了。约翰的父亲希望他能娶一个更富有的妻子来减轻家里的债务,但约翰选择了爱情。

很明显,温斯顿也会赞成约翰的决定。毕竟,他也是为了爱情而结婚的。他的妻子克莱门蒂娜·霍齐尔成了公众关注的焦点,但她的真实身世却无人知晓,因为她父母离异,她所谓的父

▲ 在接下来的三个世纪里，布莱尼姆宫成为约翰一家人的家

亲抛弃了她。她的家族的社会地位下降，并被迫搬了家。尽管她曾有过这样的经历，温斯顿还是被克莱门蒂娜迷住了。

社会曾怀疑他们关系的持久力——一个父母离异的女人和一个疯狂的军人——但他们的婚姻持续了57年。温斯顿和约翰的婚姻非常相似，他们都发现自己的另一半是意志坚强、非常忠诚的女人，她们陪伴在彼此身边直到去世。

和温斯顿一样，约翰也不是注定要在战场上度过一生的——政治对两人都具有吸引力。詹姆斯二世即位后，约翰被任命为中将，实际上是总司令，同时也是王国的贵族。然而，英国正处于宗教叛乱中，当一方被击败时，另一方会出现。理论上，约翰忠于詹姆斯二世，但他对国王的天主教倾向感到不安，他宣称，如果国王试图改变他的宗教信仰，"我将立即辞去他赋予我的职务"。他不是唯一一个对詹姆斯的信仰表示担忧的人，1688年，光荣革命爆发了，目的是推翻君主。约翰的冷酷无情此时可见一斑，他抛弃

了自己的国王，转而支持奥兰治的威廉，从而注定了詹姆斯的失败。这是一种蓄意的冷漠的政治举动。

约翰坚定的决心和压倒一切的自信，与温斯顿本人所表现出来的性格并没有什么不同。但有一点不同的是，温斯顿是一个非常忠诚的人，而约翰远非如此。约翰最初得益于他的精明之举，比如被威廉和玛丽授予马尔博罗爵位，1689年至1691年在佛兰德斯和爱尔兰担任指挥官。然而，新国王不会相信一个如此轻易背叛自己君主的人。

尽管约翰不断战胜敌人，但他的声望却一落千丈，1692年他因涉嫌试图让詹姆斯二世复辟而被关进了伦敦塔。虽然后来他被释放了，但这件事给温斯顿传递了一个强有力的信息——忠诚是政治军火库中最重要的武器之一。谢天谢地，约翰终于有机会挽救自己了。1700年，西班牙国王查理二世去世后，欧洲各国开始争夺对西班牙的控制权。路易十四马上就要统一西班牙和法

▲ 马尔博罗公爵取得的一系列胜利及其意志力使英国成为一个不可忽视的大国

马尔博罗的决胜时刻

约翰如何在布莱尼姆击败"战无不胜"的路易十四军队。

01 枪林弹雨

为了牵制对布伦海姆村的进攻，马尔博罗分配给约翰·卡茨公爵 20 个步兵营和 15 个骑兵中队。下午 1 点，卡茨的六列士兵在没有掩护的情况下向前推进，他们不仅要抵挡数百名隐蔽的火枪手的攻击，还要承受来自邻近村庄四组 24 磅重火枪的轰击。在这次近乎自杀式的进攻中，罗威的军队中有三分之一的人不是被杀就是受伤。

02 大炮台

欧根亲王的进攻由利奥波德王子率先发起冲锋。由 16 门大炮组成的巴伐利亚"大炮台"对普鲁士人造成了严重的打击。巴伐利亚步兵在让·巴塞特·达尔科元帅的带领下进行了反击，他们穿过了内贝尔河。普鲁士人在这次失败的进攻中损失了十名士兵。

03 溃不成军

当法国的骑兵被人数较少的英国骑兵击败时，法国人的士气直线下降。"什么？怎么可能？法国的绅士们逃走了？"巴伐利亚州选举人马克西米利安 – 伊曼纽尔说，他对这场溃败感到非常震惊。塔拉尔后来说，这次袭击可能是他的军队输掉战斗的第一个迹象。

04 惊险渡河

正当马尔博罗准备向敌军阵地中央发起总攻时，盟军步兵穿过内贝尔河，为牵马过河的骑兵提供火力保护。

05 "指挥有方"

驻守在布伦海姆的法国步兵指挥官马奎斯·菲利普·德·克莱兰博中将在村子里布置了大量火枪手，以至周围没有空间让他们向敌人开火。

06 贻误战机

不幸的是，对于巴伐利亚军队来说，斐迪南·德·马辛伯爵并没有意识到，如果他从奥伯格劳向北派遣一队步兵和骑兵，去打垮霍雷斯汀·贝克亲王的荷兰步兵，他就有可能会分割盟军的两翼，为法国的胜利奠定基础。

07 火力掩护

在马尔博罗的兄弟——查尔斯·丘吉尔中将和他的突击部队穿过内贝尔河后，骑兵在步兵前面行进。步兵营在他们的战线上留下缺口，这样骑兵就可以不受阻碍地撤退和变换阵型。

08 无敌火力

查尔斯·丘吉尔中将的 18 个步兵营轻松击败了他们在内贝尔以南开阔地带遭遇的 9 个法国营。盟军步兵拥有更大的火力，因为使用的是排射的射击方式，排射是一排一排分组射击，这种射击方式会保证火力相对稳定且没有停顿。与此形成对比的是，法军在开火时需要暂停射击，重新装弹。

尽管约翰不断战胜他的敌人，但他的声望却一落千丈，1692 年他被关进了伦敦塔。

▲ 布伦海姆之战的失败造成法国 3.8 人伤亡，并改变了战争的进程

马尔博罗族谱

约翰和温斯顿并不是仅有的在这棵显赫家族树中绽放光彩的名人。

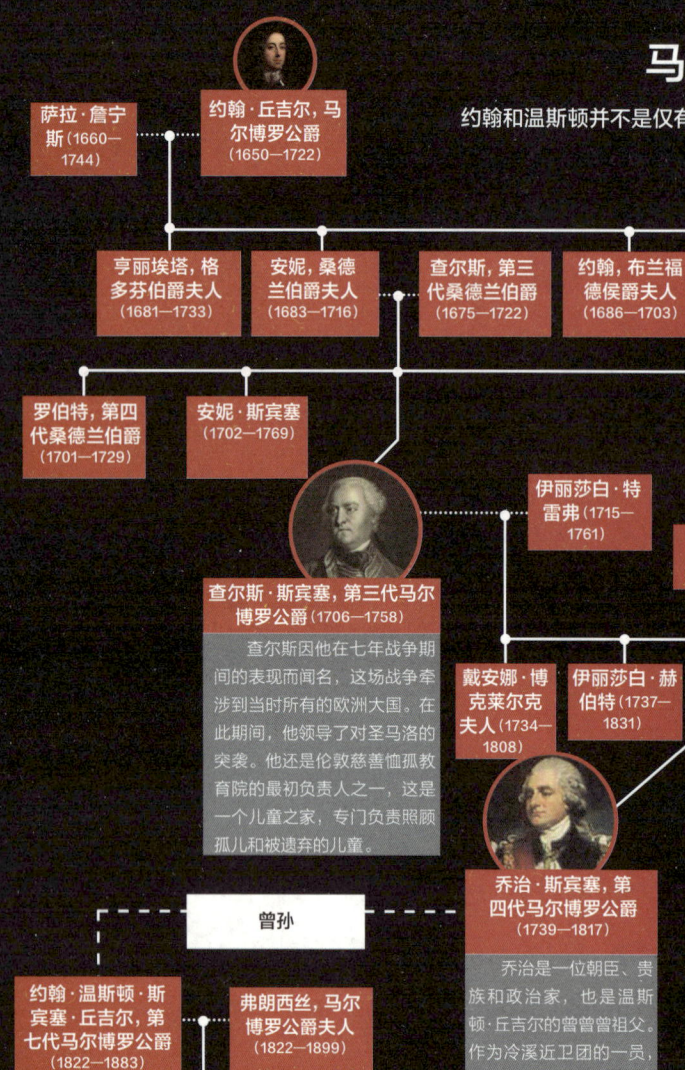

- 萨拉·詹宁斯（1660—1744）
- 约翰·丘吉尔，马尔博罗公爵（1650—1722）
- 亨丽埃塔，格多芬伯爵夫人（1681—1733）
- 安妮，桑德兰伯爵夫人（1683—1716）
- 查尔斯，第三代桑德兰伯爵（1675—1722）
- 约翰，布兰福德侯爵夫人（1686—1703）
- 伊丽莎白，布里奇沃特伯爵夫人（1687—1714）
- 玛丽，蒙塔古公爵夫人（1689—1751）
- 查尔斯（1690—1692）
- 罗伯特，第四代桑德兰伯爵（1701—1729）
- 安妮·斯宾塞（1702—1769）
- 约翰·斯宾塞（1708—1746）
- 乔治安娜·卡洛琳·卡特莱（1715—1780）
- 戴安娜·斯宾塞（1710—1735）
- 伊丽莎白·特雷弗（1715—1761）
- 戴安娜（1735—1743）
- 约翰·斯宾塞，第一代斯宾塞伯爵（1734—1783）
- 查尔斯·斯宾塞，第三代马尔博罗公爵（1706—1758）

  查尔斯因他在七年战争期间的表现而闻名，这场战争牵涉到当时所有的欧洲大国。在此期间，他领导了对圣马洛的突袭。他还是伦敦慈善恤孤教育院的最初负责人之一，这是一个儿童之家，专门负责照顾孤儿和被遗弃的儿童。

- 戴安娜·博克莱尔克夫人（1734—1808）
- 伊丽莎白·赫伯特（1737—1831）
- 查尔斯·斯宾塞勋爵（1740—1820）
- 玛丽·博克莱尔克（1743—1812）
- 罗伯特·斯宾塞勋爵（1747—1831）

玄孙

- 罗伯特·斯宾塞（1764—1831）
- 约翰·斯宾塞（1767—1831）
- 乔治·斯宾塞，第四代马尔博罗公爵（1739—1817）

  乔治是一位朝臣、贵族和政治家，也是温斯顿·丘吉尔的曾曾曾祖父。作为冷溪近卫团的一员，他还被任命为牛津郡的贵族中尉。他与乔治三世的关系非常密切，因为他在加冕典礼上手持权杖，被封为宫内大臣和枢密使。

曾孙

- 约翰·温斯顿·斯宾塞·丘吉尔，第七代马尔博罗公爵（1822—1883）
- 弗朗西丝，马尔博罗公爵夫人（1822—1899）
- 威廉·罗伯特·斯宾塞（1770—1834）

  威廉是上流社会中一个机智而受欢迎的成员，他是一名作家，他的作品曾在德鲁里巷的皇家大剧院舞台上上演。他还出版过诗集，沃尔特·司各特爵士和拜伦勋爵等人都是他的追随者。他最著名的作品包括《贝斯格勒特》和《度日如年》。

- 弗朗西斯·露丝·罗奇（1936—2004）
- 约翰·斯宾塞，第八代斯宾塞伯爵（1924—1992）

- 伦道夫·丘吉尔勋爵（1849—1895）

  丘吉尔的父亲是一位非常有影响力的人物，被认为是激进的保守党人，创造性地提出了一系列被称为"托利民主"的观点。他激励了新一代的政党管理者，而且似乎自己也将成为首相。然而，他对索尔兹伯里的不忠，以及对他第一次预算的批评阻碍了这一切的发生。

- 珍妮·杰罗姆（1854—1921）

- 温斯顿·丘吉尔（1874—1965）

你知道吗？
温斯顿·丘吉尔与美第奇家族也有亲戚关系，美第奇家族是佛罗伦萨的统治者，属于他祖母的那一支。

- 戴安娜，威尔士王妃（1961—1997）

  戴安娜是威尔士王子查尔斯的第一任妻子，也是威廉王子和哈里王子的母亲。她以专注慈善事业闻名，获得了全世界的赞誉和关注，她和查尔斯离婚后尤为如此。她在车祸中意外身亡引发了举国哀悼。

▲ 在安妮女王统治期间,英国卷入了西班牙王位继承战争

国。对于英格兰、神圣罗马帝国和荷兰共和国来说,这是无法接受的。

尽管威廉不信任约翰,但他不能否认约翰是最合适的人选:此人能够建立一个强大的联盟,并推翻法国王权。可惜,威廉没能活到战争结束的那一天,他于1702年3月去世,约翰扮演了同温斯顿后来一样的角色——为保证不列颠群岛不受威胁而发动战争。

尽管约翰得到了他想要的指令,但他仍然难以赢得下议院的信任,因为下议院在进攻的重点上存在分歧。这对温斯顿来说是一个宝贵的教训,后来他在被任命为首相时巩固了他在议会和国内的军事领导地位。

然而,对温斯顿来说,约翰最宝贵的经验之一是在战争中与盟友建立友谊的重要性。公爵与安妮女王、下议院议长罗伯特·哈利和高级司库格多芬勋爵建立了牢固的友谊,他利用他们的影响力,尽可能地获得更多的支持。温斯顿把这些友谊描述为"这个融合了权力和荣耀的熔炉将很快使英国在众多国家中崛起"。事实上,友谊的概念对他如此重要,以至于他用它来衡量所有的历史人物。对约翰来说,同神圣罗马帝国的陆军元帅——欧根亲王萨伏伊之间的友谊是最重要的。约翰和欧根就像一个豆荚里的两颗豌豆,他们都对自己的军队有着巨大的控制力和影响力,他们都明白联盟对于打败法国有多么重要。当然,另一个重要原因就是他们都是才华横溢的军事指挥官。正因如此,他们势不可当。两个人之间的友谊和紧密的关系意味着他们的军队形成了一支统一的军事力量。

在欧根的帮助下,约翰取得了一次又一次胜利。在布莱尼姆,这对充满活力的搭档给他们的法国和巴伐利亚对手带来了毁灭性的打击,使战争的形势朝着有利于他们的方向发展。这次胜利

97

在很大程度上要归功于各方力量的协同作用。温斯顿写道，欧根和约翰就像"同一个大脑的两个脑叶……保持彼此的联系"。毫无疑问，他在第二次世界大战期间，也与一个强大的盟友——美国的富兰克林·罗斯福总统建立了非常密切的联系。

总统和首相尽管偶尔会有分歧，但他们有着亲密的个人关系，经常交流，并且对于轴心国的威胁有着统一的认识。许多历史学家认为，这种友谊是帮助盟军抵御纳粹威胁并赢得第二次世界大战的关键因素之一。

约翰·丘吉尔继续羞辱他的敌人，为他的国家赢得胜利。他知识渊博，足智多谋，能够利用他所拥有的一切来达到强大的效果。公爵占领了波恩、特里尔和特拉尔巴赫，并庆祝在拉米伊、奥德纳德和马尔普拉盖等多个战役中取得的胜利。这些胜利改变了欧洲的均势状态，使法国从进攻者变成了防御者。约翰在欧洲大陆的成功意味着他为自己树立了卓越的军事声誉，这是无与伦比的，直到拿破仑·波拿巴的崛起。他是历史上为数不多的在战争中从未被打败过的军事指挥官之一。

温斯顿无疑是受到了他祖先的军事成就的鼓舞，但他自己的履历却没有那么光彩夺目。他犯下的一些错误导致了英国军队在第二次世界大战中最惨重的失败。但是，他确实是一位从未失去希望的军队领袖，即使是在最艰难的时刻。

与温斯顿不同，约翰在政界的胜利远非一帆风顺。在英国国内，内阁中保守党成员的数量正在减少，他被迫遵照辉格党的要求。法国拒绝接受由辉格党提出的相当苛刻的和平条件，并恢复了敌对状态。约翰打败了他们，但也为此付出了巨大的健康代价。

在讨论和平条款的内容时，他试图表明反对立场，但很快就被驳回了，这让他的盟友大为震惊。他被指控滥用公款，出于对自身财产的担忧，他自愿流亡国外，而此时在没有他的情况下，战争的和平谈判仍在继续。直到1714年安妮女王去世，约翰才回到祖国。在安妮女王的继任者乔治一世的领导下，约翰再次受到青睐，并恢复了部分影响力和威望。然而，约翰已经是一位老人了，他的健康状况正在迅速恶化。据报道，他经历了几次中风，在未完工的布莱尼姆宫的东翼住了三年后，最后一次中风发作夺去了他的生命。这座建筑物对温斯顿的重要性自不必说。温斯顿就是在这里出生的。在被称为"戴安娜神庙"的田园诗般的凉亭里，温斯顿向他未来的妻子克莱门蒂娜求婚，这是他一生中最重要的人生伴侣之一。

在温斯顿住了40年的故居查特韦尔庄园里，仍然可以看到这两位英国名人之间重要关系的证据。在肯特郡韦斯特汉姆镇附近，一座田园诗般的乡间别墅，墙壁上挂着的一幅画像，是他雄心勃勃、才华横溢的祖先——马尔博罗第一公爵约翰·丘吉尔。

▲ 1704年大联盟的胜利

乔治·华盛顿

今天，他被誉为美国国父，但华盛顿的传奇英雄之旅却充满了危险和艰难。

乔治·华盛顿生于1732年2月22日，他的父亲是一位拥有奴隶的烟草种植园主。乔治从各类家庭教师那里接受了一体化的教育，由于母亲的反对，他中断了参加英国皇家海军的计划。命运让华盛顿成为一名测量员，他花了两年的时间在库尔佩珀、弗雷德里克和奥古斯塔三个郡测量土地。这个职位激发了他这一生对拥有土地的兴趣，可观的收入填满了他的钱袋，他购买了属于他的第一块地。1752年当他哥哥去世时，华盛顿不仅继承了他父亲的大片土地，还继承了弗吉尼亚民兵组织少校的职位。

没过多久，华盛顿天生的领导能力和雄心大志让他直接投入战斗。这位身高6英尺①2英寸的年轻人远远超过了同龄人，弗吉尼亚殖民州的总督罗伯特·丁威迪认为利用他威严却又擅于鼓舞人心的天性来说服法国人远离英国人宣称拥有的土地再合适不过。法国人拒绝后，华盛顿带着一小支部队返回，袭击了位于迪尤肯堡的法国哨所，在15分钟内杀死了指挥官和9名士兵，并俘虏了其他人。这一事件造成了极大的国际影响，英国和法国开始向北美增兵——法国印第安人战争打响了。华盛顿这个名字很快就变成了勇敢、无畏和鲁莽的代名词。

华盛顿因其敏捷的思维而被任命为美国第一个全职军事单位——弗吉尼亚军团的指挥官和上校。

华盛顿肩负着保卫弗吉尼亚边境的任务，指挥着一千多名士兵，在12个月的时间里共参加了20场战斗，展现出了决心和直率。但他很快就表现出来鲁莽和缺乏经验的一面，他的部队与另一支英国友军部队交火，造成14人死亡。

华盛顿指挥军队的经历教会了他很多事情——如何让士兵发挥出最好的水平、耐力、勇气，以及纪律和训练的重要性。这也让他对英国的军事战术有了宝贵的领悟，他在与政府官员打交道时遇到的困难使他相信，建立一个全国性的

华盛顿不仅继承了他父亲的大片土地，还继承了弗吉尼亚民兵组织少校的职位。

---
① 1英尺约为30.48厘米。

创造历史

华盛顿成为美国最伟大领袖的三个原因。

美德

华盛顿两次放弃了获得终极权力的机会。第一次是在革命战争结束，他放弃了总司令的职位；第二次是他拒绝连任第三届总统时。乔治三世知道后评价华盛顿："他将成为世界上最伟大的人。"

对国家的承诺

华盛顿没有卷入到彼此敌对的政治辩论或争论当中，而是充当了这些团体之间的和平守护者。作为一名真正的无党派人士，他的首要目标始终是改善国家面貌，而不是谋求个人利益。

执着

华盛顿并不是最有天赋的军事领袖，他遭受了多次失败和人格的羞辱，尽管屡遭挫折，他仍坚持不懈地激励士兵们，这使得他创造了世界历史上最著名的反败为胜的奇迹之一。

▲ 年轻时的华盛顿

人生经历

法国印第安人战争

法印战争是英法之间一场旷日持久的冲突的一部分，被称为"七年战争"。这场战争发生在北美洲北部两个列强的殖民地之间，最终以法国失去在北美的领地而告终。然而，资助这场战争给英国造成了巨大的国家债务，并给法国提供了一个支持美国独立的好理由。

1754—1763 年

《印花税法案》

到 1764 年，英国因参加七年战争所导致的国家债务已经达到 1.3 亿英镑。英国还需要给战后驻留在北美的军队支付薪水，因此决定由殖民地出资资助军队。《印花税法案》迫使公民为文件和纸制品纳税，由于未经任何商议而实施，立即受到抵制。愤怒很快演变成暴力，税收也从未征收。

1765 年

《汤森法案》

《汤森法案》是英国议会通过的一系列针对北美殖民地的法案。这些法案对重要的、需要大量进口的物品征收关税，比如玻璃、油漆、纸张和茶叶等。筹集到的资金用于维持总督和法官的忠诚，同时也成为英国向美洲殖民地征税的一个先例。

1767—1770 年

波士顿惨案

事件发生时，一群起哄的群众聚集在一名英国警卫周围，很快又有 8 名英国士兵加入其中。士兵们向人群开枪，造成 3 人死亡，多人受伤。后来又有两人死于枪伤。这些士兵因过失杀人罪被逮捕，但在没有受到指控的情况下被释放。这件事助长了殖民地反英情绪的高涨。

1770 年

政府是前进的唯一道路。当华盛顿于1758年退役时，他以为他在战场上的日子已经结束了。

1759年，华盛顿娶了聪明而富有的玛莎·丹德里奇·卡斯蒂斯，他们带着两个孩子搬到了弗农山庄的种植园。华盛顿是当时弗吉尼亚最富有的人之一，他享受着从婚姻中得到的财富，一心一意地扩大自己的种植园，并最大限度地利用它。他几乎不知道革命正在酝酿，也预想不到自己很快会重回战场，美国历史上最著名的战争也即将发生。

当时，华盛顿并不是最有可能成为革命领袖的人，虽然他反对有争议的1765年《印花税法案》，但在革命初期，他实际上反对殖民地宣布独立。直到1767年《汤森法案》通过，他才积极参与抵抗运动。在一次叛乱中，他鼓励弗吉尼亚人抵制英国货，直到法案被废除。然而在1774年《不可容忍法案》通过后，华盛顿决定采取更直接的行动。

华盛顿凭借热情和魅力被选为代表参加第一届大陆会议。代表们呼吁英国国王撤销这些不可容忍的行为，可是英国人并没有理会他们所提出的任何要求。第二年，第二届大陆会议召开。

这一年发生了很大变化，华盛顿也经历了某种程度的转变。列克星敦和康科德的战役向殖民地人民表明，他们有能力与英国人抗衡，华盛顿全副武装抵达宾夕法尼亚州参加州议会时，传递了一个强烈的信息：他做好了战争的准备。国会也是如此，它在1775年6月14日组建了大陆军，这支军队需要一位领袖。华盛顿不太情愿，也有点谦虚，他不认为自己是一个有能力领导如此重要的军队的领导人，但环顾周围的人，他别无选择。由于具有丰富的军事经验、忠诚的爱国热情和强大的指挥能力，华盛顿被任命为军队总司令，对抗当时世界上最强大的国家。

没过多久，新任指挥官就证明了自己的价值。1776年3月，华盛顿在多切斯特高地部署了大炮，扭转了波士顿围城战的战局。多切斯特高地是一座低矮的小山，具有极佳的视野，波士

波士顿倾茶事件

为了迫使殖民地接受《汤森法案》中有关茶叶税的规定，英国通过了《茶叶法》，允许东印度公司将茶叶运往北美。抗议者不顾一切登上船只，将装满茶叶的箱子倾入波士顿湾。国会做出了严厉的回应，通过了不可容忍的法案，剥夺了马萨诸塞州的自治权。

1773年

第一届大陆会议

来自北美13个英属殖民地中的12个代表在费城的卡本特厅召开会议，讨论如何制止这种不可容忍的行为。他们计划拒绝进口英国货物，直到他们的不满得到解决。当这些努力失败之后，第二年第二届大陆会议召开，为即将到来的美国独立战争做准备。

1774年

列克星敦战役和康科德战役

殖民地的情报部门得知英国军队计划向康科德进军时，迅速集结军队，拿起武器对付敌人。然而，在列克星敦只有77名民兵与700名英军交战，他们很快就被击败了。英国人继续向康科德镇扑过去，但被500名民兵击退，为殖民地赢得了第一次战争胜利。

1775年

邦克山战役

这场战役发生在波士顿围城战期间，见证了英国人对驻扎在邦克山和布里德山的大陆军的进攻。虽然英国人取得了胜利，但遭受的巨大损失使这一胜利毫无意义，这也证明了殖民地人民在战斗中能够战胜他们的敌人。在冲突后不久，乔治三世国王正式宣布殖民地处于叛乱状态。

1775年

▲ 乔治·华盛顿对迪尤肯堡发起进攻

▲ 弗农山庄

顿及其港口的情况在此地一览无余。位置完美、威力强大的炮火攻势迫使英国人撤退，华盛顿的军队开进了纽约市。即使是最著名的英国新闻报纸也不能否认这位颇具魅力的新任领导人的作战技巧，他似乎能够轻而易举地击退"大英帝国"。

抛开胜利和流言蜚语不谈，华盛顿实际上并不具备这个实力。他以前指挥过士兵，但也只是指挥过一千名士兵，远远不及他现在能支配的成千上万人。他只参加过边境战争，与他现在所面临的旷野战争相去甚远。他从未指挥过骑兵或炮兵军团——他只能在实践中不断学习。华盛顿必须依靠自己的智慧和勇气，才有希望从经验丰富的对手手中夺取胜利。

这种缺乏指挥经验的表现使他在长岛战役中遭受了严重的失败。为了占领纽约，英国将军威廉·豪发动了一场毁灭性的进攻，而华盛顿未能赢得这场战役。英国人的进攻如此猛烈，以至于华盛顿不得不在夜幕的掩护下撤回伊斯特河对岸的全部军队。尽管这一壮举本身非同凡响，但对这位严于律己的领袖来说，作为将军，这是对他的不足之处及时且残酷的提醒，并且他很快意识到这场战争不会轻易取胜。

但英国人也有一个致命的弱点。他们过分自信。威廉·豪将军低估了殖民地军队取胜的意志和他们不计后果的领袖，以致他把他的黑森雇佣军留在了托伦顿，以为战争只需几个月就会取得胜利。而华盛顿非常清楚他手下士兵的士气，在纽约战败和耻辱地撤退之后，他们需要一些积极的东西来鼓舞自己，而托伦顿就在那里等待着他们。

这个大胆、勇敢而且非常危险的计划也只有华盛顿才会想到。1776年，在一个寒冷的节礼日，他带领士兵们渡过了危险而冰冷的特拉华河。他手下只有2400人顺利通过，但这已经足够了。托伦顿的黑森雇佣军完全没有做好准备就被华盛顿和他的部队迅速击溃。几天后，一支英国军队被派往普林斯顿，华盛顿指挥大陆军对其发起了反击，取得了另一场虽然规模不大但却非常重要的胜利。

反叛军

军队组织
大陆军有3.5万人，还有4.45万名民兵。他们的法国盟友支援了1.2万名法国士兵，同时向直布罗陀增兵6.3万名。在整个战争期间，他们还有53艘船在服役。乔治·华盛顿是总指挥，纳撒尼尔·格林是少将。

武器装备
战争开始时，殖民地不具备任何类型的职业常备军，许多殖民地只能提供"一分钟"民兵，他们只能自己武装自己——大多数人携带步枪。军队的首选武器是火枪，同时还携带刺刀。

资源补给
大陆军遇到了巨大的补给问题。供给品一再被英国巡逻队没收。他们还必须与糟糕的道路状况做斗争，这种交通状况经常造成粮食、衣服、弹药、帐篷和大量必要的军事物资的短缺，致使他们处于不利局面。

士气信念
反抗军最强大的武器是他们对伟大事业的信念——在英国王室的压迫下为自由而战。正是这种强烈的士气信念激励着殖民地领导人，他们知道自己面对的是一个装备精良、纪律严明的敌人，尽管屡遭惨败，他们仍继续前进。

▲ 向福吉谷进军，威廉·特雷戈绘

▲ 军队在寒冷的福吉谷休整

当华盛顿于1758年退役时，他以为他在战场上的日子已经结束了。

与此同时，英国人仍然相信叛乱可以像瓶塞一样被塞住。豪认为，通过控制主要的殖民城市，叛乱之河便会枯竭，人们会屈服于英国的统治。当豪把目光投向革命中心费城时，华盛顿前来应战，但是，可能由于之前的胜利影响了判断，华盛顿战败，费城被英军占领。然而，英国将军伯戈因以及他手下6300人在萨拉托加大捷后向美军投降，美军得到了极大的鼓舞。世界上的主要国家似乎终于开始相信美国人有机会打败强大的英国，法国公开与反抗军结盟。

当豪将军集中精力夺取重要城市时，华盛顿有了一个意外发现。虽然个别战役很重要，但胜利的关键不是军事上的成功，相反，他有能力让抵抗运动一直延续不歇。这是英国人无法掌控的事情，主动权完全掌握在他自己手中。

这种反叛精神在1777年漫长的冬天里遇到了当时为止最具挑战性的障碍。在长达6个月的时间里，福吉谷军营中成千上万的士兵遭受了疾病折磨。由于饥荒肆虐，物资匮乏，许多人担心可怕的状况会迫使绝望的军队发生叛变。华盛顿自己也面临着来自美国公众和国会的巨大批评压力，他们敦促他努力加快战争进程，而在幕后，反华盛顿运动取得了进展。华盛顿对此的回应是："一旦公众对我的工作感到不满……我就让出权力……退休过自己的生活。"批评的声音很快就沉默了。

说得婉转些，虽然士兵们一直在经受恶劣环境的考验，但还是精神抖擞地度过了冬天。当华

▲ 华盛顿和他的手下渡过特拉华河

英国红衣军

军队组织
北美有5.6万名英国红衣军，同时还有5.2万名效忠者、被释放的奴隶和当地人。他们还有78艘皇家海军舰艇正在服役。威廉·豪担任统帅，同时还有许多像托马斯·盖奇和亨利·克林顿这样被授勋的将领和军官。

武器装备
英军依靠的是0.75口径的火枪，俗称"布朗·贝斯"。他们还带着刺刀，偶尔也带着短枪。英军使用的大炮也发挥了很大作用。从某种程度上说，如果美国军队没有大炮的话，根本无法同英国军队相抗衡。

资源补给
虽然英国士兵比美国士兵的装备更加精良，但是他们在远离家乡的地方作战，物资可能需要几个月才能被送达目的地。许多英国人不得不依靠忠诚的当地人为他们提供食物，并祈祷重要的物资能在横渡4800公里的航程中毫发无伤。

士兵信念
英国人认为他们可以轻易地击溃反叛军，这种对敌人的低估使他们付出了沉重的代价。战争是非常残酷的，而且国内对于是否支持战争的意见也并非一致。对于许多在恶劣条件下离家作战的士兵来说，他们几乎没有任何战斗的动力。

盛顿的军队对企图离开蒙茅斯法院的英军侧翼进行攻击时，华盛顿证明了他的谋略比以往任何时候都要厉害。

虽然战斗最后以僵局告终，但是华盛顿终于实现了他自战争一开始就决心要做的事情——在激战中坚持自己的立场。这对美国人来说意义重大：它证明了不断壮大的大陆军正在以惊人的速度提升自己的作战技能，如果他们曾经历过的可怕寒冬都没能把他们压垮，英国人还有什么机会呢？

法国人似乎也持这种态度。1781年9月5日，24艘法国舰船在切萨皮克战役中战胜了19艘英国舰船。这一胜利阻止了英国康华里侯爵前来增援的军队，康华里侯爵被困在弗吉尼亚州约

约克镇围城战役

海上封锁

法国人在切萨皮克战役中的胜利使德·格拉斯将军得以建立起一道封锁线,防止给康华里提供从海上逃跑的任何机会。这个消息激励华盛顿向弗吉尼亚进军,把英国军官逼入绝境。

英军投降

10月17日清晨,英国人投降了,10月19日,这些人被当作战俘关押起来。康华里拒绝与华盛顿会面,他声称自己生病了,而他的军队则放下武器,一群平民在一旁热切地观看着。

美军进攻

美军利用法国人分散英国人注意力的机会,向第10据点进军。他们用斧头砍穿英军的防御工事,然后用刺刀冲锋。虽然英国人试图反击,但最终被殖民者征服了。

首波进攻

美国和法国军队利用英国人撤退的机会,架起大炮,挖好战壕,于10月9日开始轰炸英军。

福吉谷战役

1777年1月28日,宾夕法尼亚州

今天的天气比以往任何时候都要冷,刺骨的寒风从板条之间穿过,穿过我破旧的衬衫,钻进我的骨头。我想获得一双鞋的请求一直没能实现。

我原以为光着脚在雪地里走一圈,会有人可怜我的——可是根本没有人提供任何补给。食物也快吃光了。在过去的一个星期里,我只吃了面饼——一种由水和面粉混合而成的黏糊糊、令人生厌的东西,它填满了我的胃,却让我的灵魂变得饥肠辘辘。

我不应该抱怨——我是少数幸运的人之一,没有受到肆虐营地的疾病的侵害。很多男性都被发痒的皮疹、水疱或发烧所困扰,而这些病痛都是无法缓解的。这里唯一的安慰是那些勇敢的妇女,她们清洗和修补我们的制服,有时只是为那些失去继续生活意愿的男人提供一个肩膀。

克镇,只能眼睁睁看着具有决定性作用的法国军队会师大陆军,给他们带来大量的火炮支援。这正是华盛顿需要的机会,他不打算白白浪费掉。

随着英国军队被围困和暴露,以及军队规模的扩张,华盛顿带领部下离开威廉斯堡,包围了约克镇。从9月下旬开始,大陆军稳步向英军逼近,迫使他们从外围防线上撤退,这使得英军向美军和法军敞开了大门。当美军开始设置炮台时,英国人不停地向他们射击。尽管如此,华盛顿仍然冒着极大的危险,继续慰问并激励在前线作战的士兵,到

▲ 正在建设中的华盛顿特区国会大厦

10月5日这一天，司令已经准备好了采取下一步行动。

当一场猛烈的风暴来袭时，华盛顿拿起他的尖嘴镐，象征性地在泥地上挖掘了几下，这里就是后来美军用来攻破英军的新战壕。10月9日下午5点，美军向英军连续不断地发起炮击。英国军舰被击沉，士兵们四处逃亡。美军不断攻占领地，不断挖掘新的战壕，华盛顿的士兵冲向英国人的堡垒时，击溃了正处于惊讶中的英国人。华盛顿的炮火如雨点般倾泻到小镇上，康华里企图越过约克河逃跑，但没有成功，最后他向美军投降了。

华盛顿自己都没想到，他在约克镇取得的胜利将导致英国敌对势力的最终投降、战争的结束以及美国的最终自由。1783年9月3日，两国代表签署了《巴黎条约》，英国宣布承认美国的独立。随着胜利的宣布，华盛顿解散了军队，并向那些不仅视他为领袖，更视他为战友的人告别。1783年12月23日，他的一个举措再次将他载入史册，他辞去了陆军总司令的职务，谦卑地回到弗农山庄的家中。

然而，在没有华盛顿的情况下，他的国家继续处于挣扎当中。由于没有人团结各州，各州之间就边界问题发生纠纷和争吵，并对本州公民收取重税。这位前指挥官远远地看着他所带领的这片自由的土地苦苦挣扎。他很沮丧，但又犹豫要

▲ 华盛顿向拉斐德侯爵致意

▲ 华盛顿与托马斯·杰斐逊、西奥多·罗斯福和亚伯拉罕·林肯的头像一起被雕刻在拉什莫尔山上

▲ 1759年华盛顿进入纽约

华盛顿不认为自己是一个有能力领导如此重要的军队的领导人。

不要采取行动。

直到马萨诸塞州爆发了一场名为"谢斯起义"的武装叛乱,华盛顿才最终被说服再次出山。

1787年,在费城举行的制宪会议上,华盛顿坐在那里,静静地听取会议的进程,只发表了一次讲话。然而,他的演讲意味深长,聚集在那里的人一致认为,国家政府需要更大的权威——它需要一个足够强大和有号召力的人物来维持。华盛顿被一致推选担任这一角色。他在1787年成为会议主席,到1789年,他再次被一致推选担任这一角色,这是美国历史上第一位也是唯一一位获得100%得票率的总统。从1789年到1797年,他担任了两届总统,直到他再次放弃他本可以轻易获取的权力。1797年春天,他终于回到了他珍爱的弗农山庄,也许他比任何一个支持他的人都更清楚,自由国度的最终权力不可能永远掌握在一个人的手中。

打破关于华盛顿的传闻

史蒂芬·布鲁姆威尔是一位生活在阿姆斯特丹的自由作家和独立历史学家。他的书《乔治·华盛顿:绅士般的勇士》荣获了2013年乔治·华盛顿图书奖。

华盛顿佩戴过木制的假牙吗?

乔治·华盛顿从20多岁开始就饱受牙齿问题的困扰,到1789年,他只剩下一颗牙齿了。他有几副假牙,但没有一副是木制的。相反,华盛顿的假牙是用各种材料制成的,有骨头、"海马"或河马的牙以及人的牙齿,并用金属丝固定。有人认为华盛顿的假牙是木制的,这一想法可能源于现存假牙的褐色外观——牙齿显现出这样的颜色显然是由于华盛顿对波特酒的喜爱。

他是否砍倒了一棵樱桃树,并向他父亲忏悔?

"樱桃树的故事"可能是有关华盛顿的所有传闻中最广为人知的一个,它最早出现在帕森·洛克·威姆斯在华盛顿去世后所写的一本传记中。为了把华盛顿塑造成美国人的楷模,"帕森·威姆斯"虚构了一个寓言故事:六岁的小男孩砍倒父亲珍爱的樱桃树,然后说"爸爸,我不能说谎"来坦白自己的行为,以此来平息父亲的愤怒。

华盛顿真的把一枚银币扔过了波托马克河吗?

年轻的乔治·华盛顿身高188厘米,肌肉发达,以强壮著称。然而,即便是在华盛顿的青年时期,他也很难将一枚银币扔过波托马克河。这条河位于他在弗吉尼亚弗农山庄的家的对面,河面宽度超过了1.6公里。此外,银币也是在1794年华盛顿60多岁的时候才开始使用的。

华盛顿戴了假发吗?

尽管戴假发在华盛顿所生活的时代非常流行,但他从未戴过假发,他更喜欢自己的头发。他的头发是红褐色的长发,并扎成一个紧密的辫子。华盛顿经常使用的白色发粉是其富裕社会阶层男性的习惯,尤其是在正式场合,这给人一种戴假发的印象,在他的许多画像中都能明显地看到。

霍雷肖·纳尔逊

这是一个伟大的英国皇家海军中将的故事。

霍雷肖·纳尔逊从默默无闻到成为民族英雄的历程是一个非凡的故事。纳尔逊一生都在为国王和国家服务，这期间他经历了史诗般的海战、港口袭击和与众多世界强国进行的陆地战争。他的海军生涯就像大多数新兵一样，从在泰晤士河口的刻苦训练开始。然而，与许多海军新手不同，12岁的纳尔逊有一张王牌——他的舅父莫里斯·索克令，一位经验丰富的皇家海军上校。有了这个方向的指引，纳尔逊成为了皇家海军有史以来最杰出的指挥官之一。

从尼罗河的巨大成功到哥本哈根的足智多谋，这是一个有些缺陷的天才和全能的特立独行者的故事，他帮助英国开启并统治了一个新时代，在这个时代里，美国在新世界中崛起，来自欧洲大陆的威胁又不断地涌现，比如法国和西班牙。

北极熊、疟疾和黄热病

由于舅父的身份地位，以及众多过人的天赋，纳尔逊很快就能在英国的安全水域之外大展身手。他的第一次旅行是在一艘商船上进行的为期一年的常规加勒比之旅，但对这位年轻的海军军官候补生来说,事情很快就变得愈加困难。1773年,一艘名为"HMS海马"号的巡防舰被派往北极圈,想要开拓一条通往太平洋的西北航道。经过斯匹茨卑尔根群岛后,航道被冰封住了。被困期间,纳尔逊冒险下船,在那里他遭到了北极熊的攻击。他的毛瑟枪无法射击,被迫用枪猛击那头熊。根据其他人的讲述,是船上发射的炮火帮助他把熊吓跑,这才救了纳尔逊的命。对于这位毫无经验的水手来说,更糟糕的可能是三年后,即1776年的印度之行。纳尔逊一直是一个体弱多病的孩子,他患了一场几乎致命的疟疾并被隔离了。经过一段时间的隔离治疗,他最终康复,但在他的余生中,他一直反复出现局部瘫痪的症状。生病期间,纳尔逊有时会神志不清,比如在乘坐"HMS海马"号返航回英国的途中,他说看到了一个会发光的球体,预感自己有一天会成为英雄。年轻的水手因疟疾热病的创伤而变得抑郁,康复后的他迎来了生命的转折点。在雄心壮志的激励下,他决心证明自己,成为一名真正的领袖。

第二年,纳尔逊通过了中尉考试。1779年,他成为上尉。他的第一个任务是前往波罗的海、加拿大以及西印度群岛,在那里英国正在失去其对新世界商业利益的控制。此时美国独立战争正处于高潮阶段,英国正在与美国的爱国者们进行斗争。纳尔逊现在是一艘护卫舰的舰长,在海军上将罗伯特·迪格比和塞缪尔·胡德勋爵手下服役,他被委派到尼加拉瓜去执行针对西班牙殖民地的作战任务。1780年他参加了一场在圣胡安的

> **在雄心壮志的激励下,他决心证明自己,成为一名真正的领袖。**

袭击,英军损伤惨重,军中大批士兵染上了黄热病,纳尔逊却非常幸运地活了下来。

战争结束后,英国仍然控制着它在西印度群岛的殖民地。1784年,在短暂回国后,纳尔逊受命在该地区执行新的航海法案。新的美国各州和英国剩下的殖民地之间的贸易已经被禁止,而纳尔逊将是监管这些新规定实行的人。

他监督了岛上英国港口设施的发展状况,包括他自己在安提瓜的纳尔逊船坞。然而,在努力保护这些新资产的过程中,纳尔逊常常急于推行商业航运法。在扣押了四艘美国船只后,他的总司令和背风群岛的总督都与他在执法问题上发生了冲突。他们对纳尔逊的做法感到非常愤怒,有人试图将他送上军事法庭,甚至想把他完全从皇家海军开除。

幸运的是,海军部和英王乔治三世反对对纳尔逊采取行动,而纳尔逊已经表现出他坚定和有点叛逆的本色。

地中海生涯

在那次被判处轻罪的一年后,纳尔逊访问了尼维斯岛,并遇见了法兰西斯·尼斯贝。在海军部的纠纷之后,他的情绪很低落,法兰西斯帮助他度过了那段艰苦而孤独的时光。他们后来在1787年3月结婚,纳尔逊成为她7岁儿子约书亚的继父。

由于英国皇家海军仍在遭受美国、法国和西班牙的联合攻击,年轻的舰长失去了工作,回到了伯纳姆索普镇的家中,只能靠平时一半的薪水勉强度日。这种状况持续了5年之久,纳尔逊对海军部感到不满,他坚称有人故意报复他。

1793年1月,法国国王路易十六被判处死刑,一切都改变了。革命形势不断升级,英国王室决心阻止革命从欧洲大陆蔓延开来。纳尔逊留

▲ 纳尔逊一生中获得了许多荣誉，在这里可以看到他佩戴了奥斯曼新月勋章和圣斐迪南勋章，以及其他荣誉勋章

下了法兰西斯，带着13岁的约书亚一起执行任务，同时，他被授予指挥拥有64门火炮的三等舰"HMS阿伽门农"号。这是纳尔逊之前从未有过的重大经历。这艘船速度快，机动性好，由训练有素的船员驾驶。

为了保障英国在地中海的利益，这艘船被派往法国南部的土伦，纳尔逊在那里遭到了法国革命者的攻击。包围该港口的部队中有一名24岁的炮兵军官，名叫拿破仑·波拿巴。法国在这场战争中的势头非常强劲，纳尔逊被派往那不勒斯去增援。然而，一切都是徒劳的，因为革命力量很快就占领了这座城市。

后来，皇家海军司令胡德勋爵出兵前往科西嘉岛，在那里纳尔逊和他的船员们的任务是占领巴斯蒂亚和卡尔维。就是在这里，纳尔逊第一次在战争中负伤。在战场上，他的脸被法国炮弹炸飞的碎石击中，迫使他退出战斗，这次负伤使他

的右眼几乎失明。但纳尔逊没想到自己会成为一个舆论导向专家，他是第一个通过报纸报道这场战斗的人。他总是想办法确保他对战事描述的版本是最终印刷出版的版本，这一特点伴随了他整个海军生涯。

皇家海军的纪律非常严格，舰长和指挥官经常施以铁腕管理，并对他们的下属进行恐吓。纳尔逊则不同。他反对同时代人所采用的专制方式。相反，他对他的手下有一种同理心，甚至是爱，这让他得到了普遍的钦佩。他的自信感染了他所指挥的士兵，这种钦佩也让纳尔逊从中受益，因为他曾被不安全感和虚荣心所困扰，现在的他正享受着他所得到的奉承和赞扬。

桀骜不驯

1794年底，海军上将威廉·霍瑟姆取代了长期服役的胡德。然而，霍瑟姆掌舵的时间很

年轻的指挥官
"HMS 阿伽门农"号——纳尔逊最喜欢的战舰

纳尔逊在 1793 年第一次登上"阿伽门农"号,这艘拥有 64 门大炮的巨兽级战舰的威力远远超过他之前指挥过的任何舰船。在皇家海军 28 年的职业生涯中,他担任了三年舰长。"阿伽门农"号在拿破仑时代战争频发的海域服役,参加了哥本哈根和特拉法尔加的主要战役。

尽管纳尔逊仅在很短的一段时间担任这艘船的舰长,但他仍然很喜欢这艘战舰,这艘战舰一直在皇家海军服役,直到 1809 年在乌拉圭海岸失事。

▲ 1793 年由纳尔逊指挥的"阿伽门农"号(最左边)

短,之后 60 岁的老水手约翰·杰维斯爵士接任了他的职位。纳尔逊旋即获得杰维斯的信任及重用,杰维斯注意到了这个年轻人作为领导者的品质。此时,法国正在地中海进一步扩张,英国被迫撤退到相对安全的直布罗陀。杰维斯对纳尔逊的尊重和信任很快就受到考验,因为英国舰队在从直布罗陀驶出地中海的途中遭到了西班牙舰队的伏击。圣文森特角战役即将打响。

尽管在人数和武器上都处于优势,但西班牙无敌舰队还是遭遇了决定性的失败,纳尔逊是胜利的缔造者。2 月 14 日,由于大雾天气,杰维斯带领英国人穿过了西班牙舰队的核心。上将在匆忙中设定的计划是切断两个西班牙舰队之间的联系,然后逐一将他们歼灭。然而,这条航线上的船只行驶速度非常快,很明显,它们无法通过迅速转弯来完成这一动作。纳尔逊从"阿伽门农"号转为指挥"HMS 上校"号,他是唯一一个预测到即将到来的失败的人,所以他违抗命令,转

> **纳尔逊的早年生涯**
>
> 童年时期的表现就预示着他将成为皇家海军有史以来最伟大的海军将领之一。
>
> 霍雷肖·纳尔逊出生于一个知识分子家庭，在11个孩子中排行第六。他是个体弱多病的孩子，他的父亲埃德蒙，在诺福克郡的伯纳姆·索埔村当牧师，而他的母亲凯瑟琳在上层社会有亲戚。她的伯祖父是英国前辉格党内阁首领罗伯特·沃波尔，但对年轻的霍雷肖来说，更重要的是他母亲的弟弟莫里斯·索克令上校，他后来成为英国海军的司令。凯瑟琳去世后，霍雷肖得到了出海的机会，是他的舅父莫里斯给他指点了方向。
>
> 年轻的纳尔逊直接开启了他的海军生活，12岁那年他在查塔姆参军。纳尔逊登上的第一艘船是"HMS合理"号。据说，在他登船的第一天，他在船上踱来踱去，但没有人注意到他。直到第二天，他的舅父来了，他才得到了第一个职务——见习海军军官候补生。尽管饱受晕船之苦，但他的才华和奉献精神很快就展露无遗。霍雷肖·纳尔逊在皇家海军的生涯开始了。

而脱离舰队攻击西班牙第二师的前部舰船。

当杰维斯慢吞吞地前来帮忙时，纳尔逊采取了登船肉搏的战术，击退了七艘西班牙军舰。纳尔逊的大胆战术至关重要，这场战役为他赢得了骑士称号，并使他晋升为海军少将。虽然他的胜利是无疑的，但还是被纳尔逊美化了，他再一次发挥了自己善用媒体的优势。纳尔逊自己对这场战役的作战过程加以记录，并把对事件的描述转交给了他的朋友威廉·洛克尔上校，后者保证这篇报道会被付印。

战斗结束后，英国舰队驶往里斯本进行整修，清除船上战斗的痕迹。那年晚些时候，军队叛变成为皇家海军面临的一个非常棘手的问题，比如1797年在斯皮特黑德、诺尔和加的斯的舰队发生叛变。持不同政见者受到严厉的惩罚，许多人被送上了军事法庭，甚至被判处死刑。

在葡萄牙首都南部的加的斯，纳尔逊除了应对叛乱，还负责指挥海军的近海封锁舰队。对加的斯的进攻是一场艰苦的战斗，英国人对重要的港口进行了长达数个星期的围困。西班牙人坚决保卫自己的国家，纳尔逊一度被敌军强行登船。英国船员击退了入侵者，纳尔逊被副水手长约翰·西克斯救了下来，西克斯用手臂为他挡了两刀。

最后，对具有重要战略意义的加的斯进攻不得不取消，原因很明显，进攻毫无进展。对皇家海军来说，这是一次耻辱的失败，但港口的封锁仍然存在，英国人因此得到了些许安慰。

公众的赞赏和名震四方

纳尔逊一刻都不能停歇，因为另一场对阵西班牙的战斗即将到来。从报纸上的报道来看，圣克鲁斯-德特内里费战役对英国人来说是件好事，但对这位新晋海军少将来说，可能是最糟糕的开端，也可能是他职业生涯中最糟糕的失败。这场战役计划于1797年7月21日对圣克鲁斯殖民地的七艘船只发起突然袭击，目的是夺取停泊在德特内里费的载满财宝的西班牙商船。这一计划失败了，但纳尔逊顽强地坚持了下来，把攻击的重点转移到了港口。在西班牙防御工事的猛烈炮火下，登陆该岛的人被牵制住了，战事毫无进展。这次袭击是一场灾难，纳尔逊自己也再次负伤，流弹击碎了他的右肘。船上的外科医生托马斯·埃舍比切除了他的手臂，这永远提醒着他这次失败。

这次受伤让纳尔逊很长一段时间都不能继续工作，这期间他回到英格兰养伤。在妻子的悉心照料下，他恢复了健康，但他的手臂已经无法复原，这位海军少将每天都感到痛苦。然而，在圣

尼罗河战役

纳尔逊击溃了海军上将布吕埃斯的舰队，重创了驻扎在北非的法国军队。

1798 年 8 月 1—2 日

01 法国人在亚历山大港被发现

经过长时间的搜寻，法国舰队最终在埃及的亚历山大港被找到，200 艘运输船只停泊在这里，但主要的攻击力量在东部的阿布吉尔湾。

02 英军的进攻

皇家海军舰艇驶入法军防线，向舰首和舰尾开火。法国海军被英国的进攻打了个措手不及，因为法国海军上将布吕埃斯确信，在天色渐暗的情况下，纳尔逊不会发动进攻。

03 陆地防御战

在阿布吉尔岛上，法国在海岸上的阵地向英国船只进行了猛烈炮轰，但并未奏效。回到水面上，英国的军舰"猎户"号击毁了"游击队员"号，并向法国海岸线更远处的"塞利尤斯"号和"富兰克林"号发起攻击。

04 先锋号加入战场

纳尔逊的旗舰"先锋"号加入战斗，并占领了法国海军的海滨地带。这艘战舰同法军的"北风"号和"斯巴达人"号交战，受到猛烈的火力攻击，造成了巨大的破坏，不得不被"牛头人"号救了出来。

05 "柏勒罗丰女神"号

在这场战役中，有一艘船遭到了英国的侵略式进攻，那就是"柏勒罗丰"女神号。在进入战场后，它直奔"东方"号而去，这是法国最大的战舰。"柏勒罗丰女神"号非常英勇，但在"东方"号和它毁灭性的打击下相形见绌。

06 全面进攻"东方"号

当没有桅杆的"柏勒罗丰女神"号渐渐远去之后，英军的舰船包围了"东方"号。英国人对它展开了无情的炮火轰击，决心击垮这个庞然大物。在"先锋"号上，纳尔逊受了枪伤，随后接受治疗。

07 "东方"号爆炸

法国海军上将布吕埃斯在"东方"号的最后时刻受了致命伤，不幸身亡。在"亚历山大"号、"敏捷"号和"林德"号的猛烈火力下，"东方"号上的弹药库起火，船员们被爆炸掀入海中。

08 赢得胜利

对"东方"号沉没的震惊还在海上回荡，此时的战场已陷入黑暗。法国的抵抗持续了一整夜，直到第二天下午 3 点。法国对埃及的入侵停滞不前，纳尔逊的声誉上升到前所未有的高度。

纳尔逊的旗舰——"HMS 胜利"号

这艘著名的战舰在史上最后一场基于航线的冲突——特拉法尔加海战中履行职责。

目标设定

要想在特拉法尔加战役中取得胜利,其首要目标是消灭特立尼达和多巴哥。在战争过程中,它遭受了多次攻击,但由于法国人习惯把枪口对准的是桅杆而不是甲板,它幸免于难。

任务完成

虽然在经历多次攻击之后换来了胜利,但是"胜利"号已经完全丧失了作战能力。纳尔逊的旗舰可能濒临沉没,但它干掉了它的对手——"敬畏"号。皇家海军的高级重炮赢得了胜利。

> "胜利"号尽可能快地与敌舰并驾齐驱。然后,它可以在一轮侧面齐射中释放出它三层甲板上的全部火力。

并行作战

为了有效发挥加农炮的威力,"胜利"号尽可能快地与敌舰并驾齐驱。然后,它可以在一轮侧面齐射中释放出它三层甲板上的全部火力。

胜利的船员

多达 830 人挤进了"胜利"号的三层甲板当中。空间狭窄,饮食贫乏。纳尔逊尽其所能确保坏血病不会蔓延,因为他自己也曾因为坏血病而掉了牙。

到特拉法尔加战役的时候,"胜利"号已经服役 46 年了,但仍然可以在对抗拿破仑的战场上保证自己的地位

扬帆起航

"胜利"号的最高时速可以达到 16 公里/小时,这在那个时代是非常迅速的。37 张帆和 41.8 公里长的索具使得这艘战舰有足够的动力跨越海洋。

关于"胜利"号

- 它是参加过拿破仑战争、法国革命战争和美国革命战争唯一幸存的舰船。
- 这艘战舰配有三组炮位,共 104 门大炮。最大的炮有 32 磅[①]重。
- 建造"胜利"号使用了 6000 棵榆树和橡树。
- 三块方形船帆的总面积达到 5440 平方米。
- 每年有 40 万人参观这艘军舰,如今它停泊在英国朴茨茅斯的一个旱船坞里。

---

① 磅:英制质量单位。1 磅合 0.4536 千克。

特拉法尔加海战的伤亡情况

除了魅力非凡的海军上将受到致命伤之外,还有 51 名军人死亡,91 人受伤。这是英国军舰战斗中受损最大的一场战役。

"胜利"号继续战斗

虽然伤亡惨重,但下层的甲板上几乎没有人员伤亡,所以尽管遭受重创,它仍能继续开火。许多法国军舰的情况正好相反,由于英国精准的炮火攻击,它们很快就停止不动了。

登上"胜利"号

法国"敬畏"号派出的一小队船员登上了这艘军舰,但在水兵的保护下,这艘军舰轻松地从攻击中幸存了下来。

▲ 丹麦人在哥本哈根战役中全力奋战，但最终被纳尔逊击溃，因为他直接违抗命令，持续组织进攻

纳尔逊的早期生涯
拿破仑时代与纳尔逊争夺海洋控制权的伟大海军指挥官们。

弗朗索瓦－保罗·布吕埃斯·德加里耶

作为尼罗河战役的法国指挥官，德加里耶在法国海军中的地位已经上升到与纳尔逊平起平坐的位置。他的防御策略在尼罗河战役中输给了英国人，他阵亡在旗舰"东方"号上。

彼得·威廉姆斯

尽管在哥本哈根战役中，他只是一个十几岁的少年，但他在战场上表现出的巨大勇气，给纳尔逊留下了深刻的印象，纳尔逊在战斗结束后将他推荐给丹麦国王弗雷德里克六世。

皮埃尔－夏尔·维尔纳夫

纳尔逊最著名的对手维尔纳夫也许就是他的眼中钉。在离开英吉利海峡进入大西洋后，他在特拉法尔加与英国人展开了对决，但在那一天，他输给了一支强大的皇家海军。

库斯伯特·科林伍德

作为被遗忘的参加过特拉法尔加海战的人，科林伍德勋爵在纳尔逊病危之际接管了英国舰队，带领英国军队取得了决定性的胜利。此后他继续担任皇家海军地中海舰队总司令一职。

文森特麾下的伟大胜利仍然在公众的脑海中挥之不去，当他回到英国海岸时，纳尔逊被尊为战斗英雄。这种来自公众的赞赏受到了皇家的重视，1797年9月27日，国王乔治三世授予他巴斯勋章。纳尔逊康复后，他再次出海，并马上投入了战斗。

尼罗河战役是纳尔逊最著名的胜利之一。1798年春，圣文森特伯爵命令他密切监视法国舰队在埃及海岸的试探性行动，因为这些行动具有威胁性。纳尔逊登上"HMS先锋"号，开始追赶法国海军。两国海军最终于1798年8月在亚历山大港以东相遇。拿破仑一心想要进入苏伊士运河并控制通往印度的贸易路线，但英国人有别的想法。

尽管取得了胜利，但在地中海的行动远未结束。1799年，在成功封锁并夺回那不勒斯后，纳尔逊被命令前往米诺卡岛。海军部判断这里将会是拿破仑下一个进攻的地方，但纳尔逊不同意，并拒绝离开那不勒斯。最后，事实证明他的判断是正确的，但是这种公然的抗命行为，以及他从国王斐迪南四世那里接受了西西里的勃朗特公爵一事，让皇家海军别无选择，只能送他回家。

波罗的海的袭击

流放没有持续多久，纳尔逊就被再次启用。1801年，随着奥地利帝国向法国投降，第二次反法同盟战争宣告结束。俄罗斯也退出了联盟，并组成了武装中立联盟，以保护其在波罗的海的利益。英国人对此相当不满，并在4月的哥本哈根战役中对丹麦人（他们支持俄国人的新政策）做出了付诸武力的回应。这场战争成为了纳尔逊最艰苦的战斗之一。在尼罗河大获全胜后，纳尔逊再次受命指挥，这次是在海军上将兼总司令海德·帕克爵士的眼皮底下指挥的。

第二天战斗开始了，从一开始就进行得相当激烈。"阿伽门农"号、"贝洛娜"号和"罗素"号都搁浅了，因为英国的舰船要同强大的丹麦海军在三冠堡和危险的浅水区域作战。

三小时后，英军开始缓慢而坚定地向丹麦坚固的防御工事发起进攻。然而，帕克是出了名的谨慎，他对进攻缺乏进展感到担忧，并下令立即撤军，向纳尔逊的旗舰皇家海军"大象"号发出信号，撤退开始了。虽然纳尔逊看到了这个信号，但他冒着职业生涯的终结和手下士兵的丧命的风险，没有答复舰队的其他成员。然后他拿起望远镜放在自己眼前一边装瞎一边说："我真的没有看到信号。"

在他反叛精神的鼓舞下，其余的英国舰队（除了"亚马逊"号，舰长爱德华·里奥在试图撤退时被杀）团结起来，重新开始战斗。起初英军损失惨重，但在一个小时后，纳尔逊的冒险得到了回报，英国皇家海军取得了胜利。6000名丹麦人阵亡，是记录中英国死亡人数的六倍。英军下令停火24小时，皇家海军准备对武装中立联盟发动更多袭击。然而，在哥本哈根会议后不久，沙皇保罗被他的军事官员背叛并惨遭暗杀，来自俄国的威胁消除了。纳尔逊从失败的阴影中夺取了胜利，战斗结束后，人们纷纷赞扬他，他被提升为总司令，取代了被召回的帕克，并被授予子爵。终于，他得到了他梦寐以求的地位。

纳尔逊作为子爵的第一次行动是进攻法国在布洛涅的阵地。但纳尔逊没有亲自参与的这次行动失败了，而且未来的任何尝试都因1802年3月签署的《亚眠条约》而失败，这个条约给两个帝国带来了暂时的和平。

双方都知道，特拉法尔加对于第三次反法联盟战争的命运将起到至关重要的作用。

在持续了14个月的停战之后，两国之间再次转为敌对状态。纳尔逊登上了"胜利"号战列舰，对法国控制的几个封锁松散的港口增加了军事部署，引诱法国人出来应战。这一战略虽然有一定风险，但皮埃尔-查尔斯·维伦纽夫海军上将率领一支护航舰从土伦出发，一直追击到加勒比海地区后返回，成功完成了任务。纳尔逊一心关注维伦纽夫的动向，这对拿破仑非常有利，因为大量的皇家海军此时已经离开了原有的位置，无法保护英国的海岸线。当时一支拥有35万人的大军正准备入侵英格兰南部，但皇家海军及时返回，在西班牙南部靠近加的斯一个名为特拉法尔加的海角迎战法西联合舰队。

最终决战

双方都知道，特拉法尔加对于第三次反法联盟战争的命运将起到至关重要的作用。皇家海军期盼从纳尔逊和"HMS胜利"号身上找到希望。海军中将对他的下属进行了细致入微的训练，所以在激烈的战斗中，只需要进行较少的战术协商。纳尔逊在战斗前不久刚刚庆祝了他47岁的生日，在生日宴会上，他还宴请了15名将在特拉法尔加指挥舰队作战的上尉。他谈到了英国精神和炮术的结合将如何带领他们走向胜利。由于放弃了过去僵化的传统战术，两支英国舰队攻破了法、西战线，一支舰队由纳尔逊率领，另一支舰队由库斯伯特·科林伍德勋爵率领。

战争一开始就进行得异常激烈，纳尔逊的骑士战术得到回报，英国舰队凭此获得了优势并取得了胜利。然而，历史上伟大的指挥官往往不是死于剑下，就是活于剑下。纳尔逊被法国狙击手发现，他的肩膀被火枪击中，一颗子弹射进了他的脊椎。船上的医生对这致命的伤口无能为力。随着战斗的激烈进行，皇家海军取得了胜利，但纳尔逊却英勇殉职了。

这位海军中将的尸体在一桶充当防腐剂的白兰地中浸泡后被运回英国。一场最高规格的国葬在伦敦举行，街上挤满了人，他们看到棺材时，纷纷为纳尔逊哭泣哀悼。国王乔治听到这个消息后也同样因止不住悲伤而落泪。

霍雷肖·纳尔逊的遗体被安葬在圣保罗大教堂，他的遗产保存在一系列为纪念他而建造的纪念建筑当中。这是一个绝对恪尽职守的人。

▲ 一幅想象纳尔逊在特拉法尔加战役前身穿海军中将制服的画像

拿破仑 VS 惠灵顿

史诗故事中的两个勇士以及他们之间的战斗。

滑铁卢战场上硝烟散尽,欧洲的命运已成定局。惠灵顿公爵阿瑟·韦尔斯利击败了他的死敌拿破仑·波拿巴。

惠灵顿骑在马上,看着夕阳西下,尸横遍野,既感觉不到胜利,也感觉不到喜悦。更确切地说,是一种失望的感觉包围了这位见证了拿破仑战争机器如何被摧毁的领袖。这位将军如此评价拿破仑:"该死的家伙,他就是一门大炮!"惠灵顿所听到的关于拿破仑的一切——他的战术天才,他的谋略技巧,他理解战场的能力——被证明都是假的。他就是一门大炮,只会把越来越多的人送到英国人的枪口上,让他们去送死。他们之间的战争让成千上万人丧失了生命,他们的个性让彼此着迷,也让彼此厌恶。但是,在这些伟大的军事指挥官中,就留下的遗产来说,谁又能胜过谁呢?

奇怪的是,这两人在滑铁卢战役之前从未谋面,但在1815年之前的岁月里,他们的生活却因各种机缘巧合为了超越彼此而存在。这两人都是在同一年出生的,并被他们的同胞所抛弃,惠灵顿在爱尔兰长大,拿破仑在科西嘉岛,这两个地方分别远离国际权力中心的英国和法国。

惠灵顿相比拿破仑要幸运一些,他家境富裕,人脉广泛。他可以供自己上私立学校,也可以为自己在军队里谋一份差事。他通过购买权力往上爬,这种方式得到了家人的赞许,他

这两人都是在同一年出生的，并被他们的同胞所抛弃。

们把他看成是一个"爱幻想、懒惰和害羞的孩子"，这与历史记忆中有关勇士的形象描述相去甚远。

而拿破仑就不能这么容易取得这么高的地位。他的家人给了他足够的钱，让他在法国欧坦读了一所学校，然后去了一所军事学院，他在那里得到的第一个命令是指挥炮兵分队；这与惠灵顿在印度所获得的令人羡慕的任务形成了鲜明的对比。

这是一个出身高贵的人通过关系获得回报，而贫困的中产阶级只能通过努力奋斗获得认可的经典故事，并在以后的生活中影响着两个人的意识形态。惠灵顿的成长期使他依赖于建立高贵的网络关系，而拿破仑是受到启蒙思想影响的孩子，通过艰苦的努力和他所获得的一切认可来证明个人价值。两人都雄心勃勃，但这种雄心来自不同的阶级背景：一个强调建立秩序，另一个强调新的、不断变化的世界观。

革命、剧变和断头台迫使他们选择不同的立场。拿破仑目睹了法国市民占领杜伊勒里宫，杀死投降的瑞士卫兵。当市民们把宫殿毁成一片废墟时，他对法国人民激发出的力量感到惊奇；他要确保他军队中的士兵永远不会失去这种理想主义的热情。对拿破仑来说，法国大革命是"正确思想家"的希望，随着自由之光席卷全国，"几个世纪的封建野蛮和政治奴役"将在法国结束。

惠灵顿持相反的观点，他在日记中写道："这场所谓的革命难道是要让更多没有经验的人出来从事重要的公共工作吗？这样做不是反而增加了罪恶吗？这完全不符合他们事业的性质。"对他来说，法国大革命和随之而来的恐怖意味着，如果社会不控制住街上的人，英国将会发生不可控制的事情。随着法国永远抛弃君主制，拿破仑将新政权视为文明的下一步，而惠灵顿则认为新政权将摧毁文明社会，这些观点变得更加坚定。

早年拿破仑被灌输的激进理想，在军事斗争中逐渐显现出来。他厌倦了接管残留君主制腐败本质的法国政府，宣布自己为执政官，随后于1804年称帝。他的野心和烈焰般的个性打碎了一个国家，并带来了一个新秩序——他的秩序。忠于他的部下喜欢他哗众取宠的样子，总是"毫无约束且兴高采烈地赤脚跟在他的后面。这就是拿破仑在他的军队中所激发的热情"，或者更确切地说，是狂热。

惠灵顿通过代理人以及他在西班牙的军队为他作战，反映了他对建立秩序的渴望。他训练和鞭笞了那支由英国、葡萄牙和西班牙军队组成的士气低落的低劣军队，把他们变成了一支能够赢得战争的力量。这是两种截然不同的指挥风格，两位领袖也曾在公开场合相互嘲讽和斥责。

拿破仑会抨击惠灵顿在印度的早期生涯，说他不过是个"世袭将军"，擅长在异国宫殿里摆威风，但除此之外毫无他用。而惠灵顿则会批判拿破仑是一个独裁者，声称他所做的一切都带有卑鄙的成分。他嘲笑拿破仑的权力，声称"拿破仑的权力建立在腐败的基础上，他在法国除了他军队的主要军官外没有（崇拜者）"。

然而，在私下，这些具有冲突性的态度却变得截然相反。1814年图卢兹战役后，拿破仑向一批军官赞扬了惠灵顿的军事才能和他军队的勇敢。对惠灵顿来说，他的感情表现得更加强烈，他保留了一尊巨大的拿破仑半身雕像，这样他在英国的那些年就可以随时看到拿破仑的眼睛了。他曾说道:"我在任何时候宁愿听到法国军队多了4万人的增援部队,也不愿听到是他来指挥。"这种混合的复杂情感有悖于对彼此的欣赏,惠灵顿甚至觉得他需要时时刻刻都在对手身边,还在家里为他的对手腾出空间——尽管只是一个石膏雕像。

风度翩翩的军官在指挥帝国军队时从来都不缺少充满爱情和浪漫情节的故事。两位将军在他们的个人生活中既有胜利,也有失败,就像他们在战场上的功绩一样引人注目。爱情生活也对他们个人产生了持久的影响。

1806年,惠灵顿出于职责与一位曾拒绝他示爱的女子凯瑟琳·帕克纳姆结婚。婚后,惠灵顿发现了妻子善妒的本性和无法控制的消费欲望,这令他非常沮丧。他未置一言,但很快就与她疏远了,并如传闻所说,娶了他的情妇——哈莉特·阿布斯诺特。阿布斯诺特后来评论了一幅惠灵顿穿着平民服装的画像,称这是一种其他人难得一见的"温柔而甜美的面容"。即使惠灵顿恋爱了,他也很少表露自己的激情,尤其是在公共场合。

与冷酷外表截然相反的是,拿破仑——处于后革命时期的法国——娶了他的心上人约瑟芬·德·博阿尔内。拿破仑深爱着他的新婚妻子,据说很少有女人比她更有魅力,他的情书在当时是出了名的生动。在一次激情的交流中,他发誓要给她一千个吻,但他告诉约瑟芬"一个回吻也不要给我,因为它们使我热血沸腾"。

一位评论家推测,驱使拿破仑在战斗中表现出侵略性的主要因素之一是他想通过他的军事技巧给她留下深刻印象。然而,这种爱是不会长久的。当他远征埃及时,收到了来自他哥哥的一封令人痛苦的信,信中哥哥告诉他约瑟芬对他不

▲ 1799年,年轻的拿破仑在阿布基尔海战中一举成名

忠。当他听到这个消息时,全身抽搐,用拳头猛击自己的头,这让他对生活和周围的人感到沮丧不已。拿破仑在1810年离婚,在那之前,找了很多情妇,目的是报复约瑟芬的背叛。患有相思病的拿破仑在第二任妻子、奥地利公主玛丽·路易莎身上找不到任何安慰。

这两个人在爱情上都是不幸的,但有一个关键的区别:拿破仑的个人生活几乎摧毁了他的野心,动摇了他的核心;而惠灵顿控制住了他的情绪,这与他所受到的英国式教育有很大的关系。

军事上的失败、政治上的挫折以及英国及其盟国对法国的入侵,迫使拿破仑放弃了皇位,被流放到地中海的一个小岛——厄尔巴岛。在去厄尔巴岛的前几天,他给他深爱的女人约瑟芬写了一封信说道:"永远不要忘记那个永远不会忘记你的人。"

这是一个正在反思自己的失败和心碎的人。作为最后的耻辱,他被允许保留皇帝的头衔——一个人口不超过1.2万人的地中海小岛的皇帝。约瑟芬从未到过厄尔巴岛看望他,她于1814年在拿破仑流亡期间去世,这使他的不幸雪上加霜。他让自己忙于在岛上引入一系列改革,以造福岛上的民众,但他经常发表恶毒的长篇大论和

惠灵顿的军事杰作：萨拉曼卡战役

▲ 萨拉曼卡战役中的惠灵顿

萨拉曼卡战役是在战争的烟雾笼罩下进行的，无尽的大炮和毛瑟枪的火焰带着浓浓的黑烟弥漫在空气中。这是一场体现了惠灵顿进攻能力的战斗，也打破了关于他只会指挥防御战的谣言。

1812年，惠灵顿越过葡萄牙边界，占领了西班牙的萨拉曼卡镇。奥古斯特·弗雷德里克·德·马尔蒙元帅麾下的法国军队正严阵以待。惠灵顿对法国人的数量十分警惕，等待他们采取第一步行动。在一次严重的误判中，马尔蒙误以为英国的行李搬运列车是在撤退。他太急于为他的皇帝拿下萨拉曼卡了，于是把军队调转到西部，企图在英军撤退前切断他们的去路。

惠灵顿抓住机会，趁法军还在向阵地前进的时候，命令部队对侧翼的法军发起猛烈的进攻。法国人被打了个措手不及，数百人被刀砍伤或被枪射伤。与此同时，由于军队向西转移，在中部与惠灵顿对峙的法军已经变得非常薄弱。惠灵顿下令对法军的阵地再次发起攻击，派骑兵继续追击撤退的法国幸存者。恐慌席卷了法军防线，而右翼的军队仍在坚守阵地。法国指挥部——包括马尔蒙本人——在袭击中受伤。混乱一直持续到法国人的反击被击退，法军被迫撤退。这是一场足以证明惠灵顿军事实力的战斗。

赫尔塔/英国和葡萄牙军队
西班牙军队
法国军队

02 惠灵顿强力反扑
惠灵顿针对法军出现的这一错误展开了行动，趁法国人还在行军时，派出大量骑兵和步兵，导致法军侧翼部队仓皇撤退。

04 英军攻陷中心防线
洛瑞·科尔将军的第四师团在大阿拉皮尔山再次进攻法军阵地中心。他们被大炮击退，法军随后进行了反击，但很快被惠灵顿派遣的预备役部队逆转了局势。

05 匆忙撤退
英国人发动了最后一次进攻，歼灭了大批法国军队。幸存者开始撤退，但是他们的企图被第六师粉碎了。

01 马尔蒙进军
马尔蒙确信惠灵顿将军开始向萨拉曼卡撤退，于是开始从侧翼进攻，以切断他的军队，想轻松取得胜利。

03 法军转攻为守
看到侧翼军队被击败，法军将步兵方阵变换阵形，以抵抗葡萄牙骑兵的入侵，但遭到英军第五师的横扫。

拿破仑的军事杰作：奥斯特里茨战役

奥斯特里茨战役是一个体现了诡计和策略的完美杰作。在1805年的冬天，拿破仑的大军与俄国沙皇亚历山大一世和奥地利将军冯·莱贝里希男爵的联合军队展开了激烈的战斗。这三支军队在奥斯特里茨附近相遇，准备兵戎相见。俄国和奥地利联盟占领了普拉岑高地作为他们的中心阵地，在得到拿破仑侧翼薄弱的情报后，他们向南进攻，从法军右翼切断了他们与维也纳的联系。

但是这次进攻却被法军击退了，这是盟军始料未及的。随着盟军投入更多的兵力以加强对南面的进攻，盟军在高地上的阵地开始因人员的流失而被削弱了。拿破仑喜出望外，一切都在按计划进行——故意让敌人的指挥官认为自己的侧翼薄弱，从而把盟军的部队从战略要地引开，让它处于没有防备的暴露状态。

随后的法军进攻非常凶猛，让联盟军陷入了一片恐慌，粉碎了他们的防线，把联盟军的军队一分为二。对高地北部的多轮进攻并没有把法军从中心阵地上赶走，反而让拿破仑去收拾残局。在盲目的恐慌中，最初被派去侧翼包抄拿破仑的联盟军士兵跑到了阵地以南结冰的湖面上，法军开始向湖面猛烈轰击，顷刻之间，许多受伤者不是被踩死，就是淹死在冰冷的湖水中。这是一个巧妙的诡计，拿破仑实际上是用自己的侧翼作为诱饵来引诱他的对手去送死。

▲ 拿破仑在奥斯特里茨战役中

03 俄国皇家骑兵的攻击
为了减轻在南部作战的盟军部队的压力，俄罗斯帝国的精锐卫队向高原北部发起了进攻，击溃了让·巴蒂斯特·贝尔纳多特元帅的步兵，但他们被法军的重骑兵击退。

04 俄国军队逃离战场
盟军的骑兵试图继续从侧翼包抄拿破仑，向战场的最北端发起进攻，但被兰内斯元帅的步兵挡住了。接着，兰内斯向北方的俄国步兵施加压力，导致俄国人惊慌逃跑。

05 拿破仑宣告胜利
拿破仑将盟军逐个击破。他向右推进军队，摧毁了先前派来包抄他的盟军，迫使他们跑到了结冰的湖面上。法国的炮火如雨点般落在他们身上，打破了坚冰，许多士兵淹死了。只有部分人得以幸存。

02 盟军中心阵地的溃败
拿破仑让苏尔特元帅指挥的军队去攻击薄弱的盟军中心——近两万人——并打败了他们。在山坡上经过艰苦的斗争后，法军发动刺刀冲锋，占领了高原。敌军被一分为二。

01 拿破仑侧翼的"弱点"
拿破仑的计谋奏效了，盟军开始派兵进攻右翼。一场激烈的战斗随之而来，越来越多的盟军涌了进来。

- 俄奥联军
- 法国军队

布伦　贝尔纳多特　奥斯特里茨　维也纳

令人沮丧的咆哮，说他的将军背叛了他，他信任了错误的人，他失去了一切。

相比之下，惠灵顿则大获全胜。他被封为公爵后为了展示自己的权力去了巴黎，并被任命为英国驻法国大使。他领略了巴黎的魅力——当时的巴黎是一座令人兴奋的自由城市，在浪漫的巴黎郊区，他遇到了他的情人，在国内他被誉为真正的英雄。他继续写他的回忆录，但对记者和作家感到厌倦，特别是有关他私生活的传言四起时。

正是惠灵顿在1814年之后获得的信心和拿破仑在厄尔巴岛上经历的压抑的自我反省，决定了那场史诗般的战斗，一年后，他们中的一个取得了胜利。

拿破仑意识到复辟的皇权正在被削弱，于是决定孤注一掷，以夺取最终的权力。在一次大胆的逃亡中，他摆脱了看守的侍卫，并在忠实于他的追随者的帮助下，乘船行至法国大陆，打算与惠灵顿做最后的清算。在滑铁卢，两人的个性、口舌之争，以及对彼此能力无休止的研究和批评，在激烈的战斗中产生了影响。拿破仑完全信任他的军队，在那个世纪的头几年里，他的士兵征服了一切，在他看来，这场战争也不会有什么不同。然而在滑铁卢，他的判断力出现了严重的失误。在流放的那一年，他心爱的约瑟芬的去世，以及失去帝国的创伤，最终使他无法掌控战场，导致他的军事大厦完全崩塌。

过去十年所承受的压力让拿破仑的身体也很

▲ 拿破仑在滑铁卢与英国人作战

正面交锋：领导能力的碰撞

两位历史上杰出的军事领袖间的较量。

毫无疑问，拿破仑和惠灵顿都有着相当出色的指挥能力，他们的军事技术改变了历史进程，但方法却大不相同。惠灵顿以严格的纪律闻名，他认为这是取得胜利的关键。他曾在1813年说过，他的军队是"地球上的人渣"，毫无动力，和罪犯差不多，但他会训练他们，把他们变成英雄。对普通的英国士兵来说，他是一个可怕的人物，在他军队里的生活就是无休止的操练和鞭挞。虽然惠灵顿作为一位伟大的将军在统治者的宫殿里获得了声望，但他的士兵并不赞同他的训练方法。与这种铁腕纪律相比，拿破仑更喜欢在他的军队面前夸耀自己，以激励他们做出伟大的事情。法国士兵因法国大革命的重大事件而群情激昂，在检阅军队时，他们高呼"皇帝万岁！"——拿破仑的热血性格与惠灵顿冷酷、保守的性格形成了鲜明的对比。拿破仑利用这种激情，以崇拜和忠诚激励他的军队完成一次又一次的征服。

虚弱，他患有严重的胃病，这使他无法思维清晰地指挥部队。他没有直接进攻，而是优柔寡断，一开始他害怕失去自己的军队，这是他唯一能够取得合法性的依靠。然后他改变了主意，决定正面迎击英国的步枪和大炮。他没能控制住自己的野心，反而被野心蒙蔽了双眼——他对胜利和重获权力的渴望压倒了他指挥战斗的才能。

惠灵顿称滑铁卢是一场"炮击比赛"，但他错了。拿破仑不仅仅是一个炮手，他是一个不顾一切的人——不顾一切地让他的批评者闭嘴，重新成为皇帝——而且是不惜一切代价。惠灵顿利用了对手精神错乱的状态。他有信心，他曾经打败过拿破仑的军队；他有魅力，他在解放葡萄牙和西班牙后在英国赢得了荣誉和名声；他有顽强的意志去赢得胜利。最后，这位铁公爵的沉稳、铁石心肠比拿破仑那种鲁莽、反复无常的性格更加持久。就像希腊史诗中的一个悲剧人物一样，拿破仑宣称他的帝国已经被打败了，现在正遭受屈辱，被迫流亡——这一次是永远的流亡。他输给了一个在追求权力的过程中从不过分张扬的人。这位下台的皇帝在大西洋上的圣赫勒拿岛生活期间所写的回忆录中记录了自己的痛苦，声称惠灵顿在滑铁卢的计划"在历史学家的眼中不会反映出是惠灵顿将军的功劳……他的计划没有显示出他的才能"。然而，他确实赞扬了惠灵顿的勇敢和坚定。

从表面上看，惠灵顿所取得的胜利，应该使他可以很轻松地宣布这是胜利者赢得的遗产，而把拿破仑认定为一个输不起的人。然而，惠灵顿的胜利只让他得到了英国社会允许他获得的东西。滑铁卢战役后，他的政治生涯走向终点，因为他曾为之献出生命的当权派不再容忍他了。反之，拿破仑白手起家，建立了自己的欧洲帝国——在其鼎盛时期，从西班牙一直延伸到莫斯科的大门口。他对生命和自由的渴望，加上他对一个更美好的世界的向往，是他存在的理由。他曾说过，入侵俄国将使他成为"主宰世界的人"。拿破仑不满足于别人愿意给他的东西，他想要拥有自己的世界。他的权力不会永久持续，但他的野心展现了一种惊人的抱负形象，因为他凭借纯粹的意志力，为拥有一切而奋斗。

李 VS

美国最伟大的将军们为了国家之魂展开了激烈的战斗。

★ ★ ★ ★ ★ ★ ★

1861年4月12日,脱离联邦的南卡罗来纳州军队向联邦政府控制的萨姆特要塞开火,引发了美国内战。不久,其他几个南方州也加入了南卡罗来纳州的行列,宣布退出联邦,成立美利坚联盟国,以维持奴隶制。美利坚合众国第16任总统亚伯拉罕·林肯决心让这些州收回它们任性的决定,甚至不惜付诸武力。在随后发生的这场最大规模、最惨烈的战斗中,联邦军队和南方联盟军队分别由两位非

> 战争是如此可怕,这是件好事,否则我们就会变得痴迷于它。

1862年12月11日,李将军在弗雷德里克斯堡战役中向朗斯特里特将军投降

格兰特

凡的将军领导,他们是尤里西斯·辛普森·格兰特和罗伯特·爱德华·李,虽然他们的出身和性格截然不同,但他们对于胜利的执着却是一致的。

罗伯特·爱德华·李于1807年1月出生于弗吉尼亚州,他的父亲亨利,外号"轻骑兵哈里",是弗吉尼亚州殖民地的一名骑兵指挥官,在美国独立战争中名声大振。服兵役是李氏家族传统的一部分,这名年轻人作为1829级的一员被西点军校录取。李似乎命中注定要成就一番伟业。

1859年10月,狂热的废奴主义者约翰·布朗和他的21名追随者在弗吉尼亚的哈珀斯费里夺取了联邦军火库。他的计划是将里面的武器发给奴隶,并煽动叛乱。这一阴谋失败了,一

> 我不认为有比这更加邪恶的战争了……只是我没有足够的勇气辞职。

▲ 第一次奔牛河战役是南北战争的第一次主要战役，也是南方联盟的一次胜利

群美国海军陆战队员，在美国陆军中校李的指挥下，出现在现场并消灭了袭击者，杀死了10人，俘虏了包括布朗在内的大部分人。

相比之下，李在西点军校的同学尤利西斯·辛普森·格兰特则是个普通人。他出生于1822年4月，父亲是俄亥俄州的一个制革工人。在他出身低微，衣衫褴褛的背后，是谨慎、善于分析的头脑。很少有人能预料到，于1854年辞去军队职务，后来又经商失败的格兰特，有一天将成为美国军队的最高指挥官。

战争降临美国

战争爆发后，格兰特渴望重新加入正规军。尽管他当时正在伊利诺伊州指挥一支志愿兵中队，但他更喜欢成为正规军的一部分。他拒绝执行上级给他下达的命令，因为在志愿兵团里一心只为争权夺利的政客素质低下，这让他很反感。

1861年5月24日，格兰特写信给军队要求复职。之后他被任命为准将，在正规军中任职，并担任密苏里东南地区的指挥官。1862年2月，他占领了位于田纳西州密西西比河畔的多纳尔森要塞，为联邦在这次战争中赢得了第一场真正的胜利。

而李将军则对南方走向分裂感到不满，他认为这是灾难性的。他被迫在他珍爱的家乡弗吉尼亚州和他的国家之间做出选择。李将军甚至被指派指挥一支正在组建的联邦军队，以使那些持分离主义主张的州重新回到美国的控制之下，但他

美墨战争

内战的前兆使李和格兰特得以在战场上崭露头角。

从1846年到1848年,美国与墨西哥的战争起源于对得克萨斯的吞并问题。1836年4月,圣哈辛托战役中,萨姆·休斯顿和800名得克萨斯人击败了安东尼奥·洛佩斯·德圣塔·安娜总统领导的墨西哥军队,赢得了得州的独立。得克萨斯想要加入美国,而美国总统詹姆斯·K.波尔克坚信美国的"天定命论",要将其领土从大西洋扩展到太平洋。他强烈赞成兼并得克萨斯,并在1845年国会的一项决议中完成了这一事项。但是墨西哥有其他的想法,它从来没有接受过真正失去得克萨斯,只认可它是自己的一个省的事实。1846年4月,在扎卡里·泰勒将军指挥的一支美国军队越过得克萨斯边境后,墨西哥向美国宣战。同年5月,美国对墨西哥宣战,但北方许多反对奴隶制的人认为这是赤裸裸的阴谋,是为了争取更多的奴隶与领土。

泰勒迅速南下,并于同年在帕洛阿尔托、雷萨卡德拉帕尔马和蒙特雷击败了顽强的墨西哥反对派,取得了一系列胜利。1847年2月,安娜率领的一支强大的墨西哥军队在布埃纳维斯塔战役中被泰勒击败。同样是在1847年,美国军队在温菲尔德·斯科特将军的带领下占领了韦拉克鲁斯港,并向内陆进军,于1847年8月抵达墨西哥城。这一年4月,斯科特在塞罗·戈多遭遇了德圣塔·安娜并打败了她。胜利在很大程度上要归功于罗伯特·E.李上尉的侦察,他发现了一条绕过墨西哥后方的路线。斯科特热情洋溢地赞扬了李,称他是"我在战场上见过的最优秀的军官"。与此同时,尤利西斯·S.格兰特在战争开始时是泰勒手下的一名军需官,后来跟随斯科特进攻墨西哥城,在那里他英勇地夺取了敌人的护城河,保卫了这座城市。1847年9月,墨西哥城落入斯科特之手,战争以在1848年2月签署的《瓜达卢佩-伊达尔戈条约》为标志结束,美国侵占了墨西哥一半的领土。

▲ 在攻占查普尔特佩克后,美军又占领了墨西哥城

西点军校

美国顶级的军事学院,培养了众多战争方面的人才。

美国军事学院是由托马斯·杰斐逊总统在纽约州西点建立的,旨在为这个年轻的国家提供受过军事科学教育的专业军官。从那时起直到内战爆发,西点军校培养出了许多杰出的美国士兵。

西点军校以纪律严格著称,李在那里的四年期间,没有因为违反纪律守则而被扣分,这在军校学生中实属罕见。他以全班第二名的成绩毕业,这也使得他以在广受欢迎的陆军工程兵团中获得一份工作。

1847年,李在墨西哥服役时的出色表现,为他赢得了不少于三次的"布雷维特"荣誉晋升,之后他便忙于建造防御工事。但是李将军在军队中的声望非常高,所以他在1852年被学院召回来担任院长。李带着他的妻子玛丽·安娜·伦道夫·卡斯提斯·李,以及他们的七个孩子,来到他开始工作的地方。

格兰特那时的情况则完全不同。他从来不相信自己有机会通过学院繁重的课程,但他还是去了,因为他认为这将给他一个旅行的机会,看看当时美国最大的城市——纽约和费城。他说:"军旅生活对我没有吸引力,如果我毕业了,我也不打算留在部队。"

格兰特是1843级的一名非常普通的学生,他浪费了大量的时间读小说而不是学习。他成绩最好的科目是骑术课,可这一点儿也不学术。由于他成绩平平,想在工程兵团得到一个梦寐以求的职位,对格兰特来说是几乎不可能了。毕业后他被任命为步兵团布雷维特少尉。

尽管李和格兰特从未同时出现在西点军校,但他们却在墨西哥相遇了,虽然不是在战场上。有一次,一位蓬头垢面、满身灰尘的布雷维特少尉——格兰特前往温菲尔德·斯科特将军的司令部做报告,他的外表如此糟糕,以致被斯科特的一个工作人员骂了一顿,那个人不是别人,正是李。"少尉,我觉得我有责任,"李说,"提请您注意斯科特将军的命令,即一名向总部报到的军官必须穿着全套制服。"尽管这可能不是后来担任如此重要职位的两个人之间最热烈的接触,但它突显了南方分裂所引发的核心悲剧之一。西点军校的毕业生中,有许多人曾在美墨战争中并肩作战,但在美国内战中,他们互相厮杀。

> **在西点军校的四年期间,李没有因为违反纪律守则而被扣分,这在军校学生中实属罕见。**

▲ 在这幅题为"第一次维克斯堡战役"的油画中，可以看到联邦军第13步兵团第一营在南方联盟的阵地上插上了自己的旗帜

仍然选择了弗吉尼亚。

当李所在的州投票决定脱离联邦时，他辞去了在美国陆军的职务，说自己"不能参与对南方各州的入侵"。那时他已经在军队服役，包括他在西点军校的时间，大约35年。

李将军和北弗吉尼亚军队

南方必须打一场硬仗，但也不是没有优势。战争开始时，南方的士兵更有动力，军官们在战场上表现得非常出色，特别是在1861年7月的第一次奔牛河战役中，南方取得了压倒性的胜利。

在这些军官中，李本人尤其重要，他自1862年初以来一直担任南方联盟总统杰斐逊·戴维斯的军事顾问。他未来的对手，指挥波托马克军团的乔治·B.麦克莱伦少将，是一位训练士兵的能手，但在战场上却极其谨慎，缺乏灵活性。1862年6月1日，李将军的前任指挥官约瑟夫·约翰斯顿将军在战斗中受伤，因此戴维斯任命他指挥北弗吉尼亚军队。

尽管麦克莱伦在人数上远远超过了他，李将军还是一次又一次对他发起进攻，并在1862年6月至7月的"七天战役"中，把波托马克的大军从南方联盟的首都弗吉尼亚的里士满赶走了。在8月30日的第二次奔牛河战役中，他把约翰·波普将军指挥的弗吉尼亚联邦军队打回了华盛顿。

接下来，李将军带领北弗吉尼亚军队进入了联邦军的地盘。9月17日，他在马里兰州的安提塔姆与麦克莱伦交战，在内战最为血腥的一天，双方均伤亡惨重。林肯总统对麦克莱伦在战后没有追击李将军的优柔寡断的行为非常反感，因此在1862年11月解除了他的指挥权，让安布罗斯·伯恩赛德少将取而代之。

李将军撤退回弗吉尼亚州，尽管他把联邦军队打得落花流水，林肯仍然得到了他期待已久的

李和格兰特的关键战役

随着战争的进行,将军们分别以精彩的方式赢取胜利。

李将军和格兰特将军制订了详细的计划,并有能力对风云变幻的战场做出反应。他们都是意志坚定的指挥官,不惧以牺牲惨重的伤亡来赢得战斗。格兰特经常被称为"屠夫",因为他指挥的战争损伤惨重,不像许多其他联邦将军,他从不害怕上场战斗。虽然大多数联邦指挥官会战斗一段时间,然后撤退一段距离,让他们的士兵能够得到恢复,但格兰特不会撤退,只是持续进攻。

在战斗中,格兰特总是能够保持冷静,这使他的军官们感到安心。威廉·T.谢尔曼在给他的信中写道:"你天性中最主要的特征,就是你一直表现出来的对成功的简单信念……你毫不犹豫地投入战斗……毫无疑问,毫无保留……这使我们的行动充满信心。"

而李将军甚至比格兰特更有侵略性,也许是因为他的军队人数少,他无法依靠人数优势或消耗战来赢得一场战斗。而且,至少在战争的早期,李将军拥有更有能力的下属优势,尤其是"石墙"杰克逊。然而,如果李不愿意听他们的话,不愿意接受他们的建议,那都毫无意义了。正是杰克逊提出了在钱斯勒斯维尔重击联邦军队的计划。李将军让他执行了这个计划,结果给敌人带来了毁灭性的打击。但是李的进攻本能也会伤及他自己的军队,因为即使在胜利的时候,他的战斗对他的军队来说也是非常血腥的事情。

钱斯勒斯维尔战役:李将军的杰作

钱斯勒斯维尔战役开始时,他们信心十足,至少联邦将军约瑟夫·胡克是这样认为的。1863年4月下旬,胡克率领的波托马克军团凭借巨大的人力和物力优势向南挺进,越过拉帕汉诺克河。胡克这样做是为了迫使李将军从弗雷德里克斯堡以南沿河固守的阵地进入开阔地带,在那里拥有12万人的联邦军队将会碾碎李将军的北弗吉尼亚军队,因为北弗吉尼亚军队的士兵数量只有他的一半。

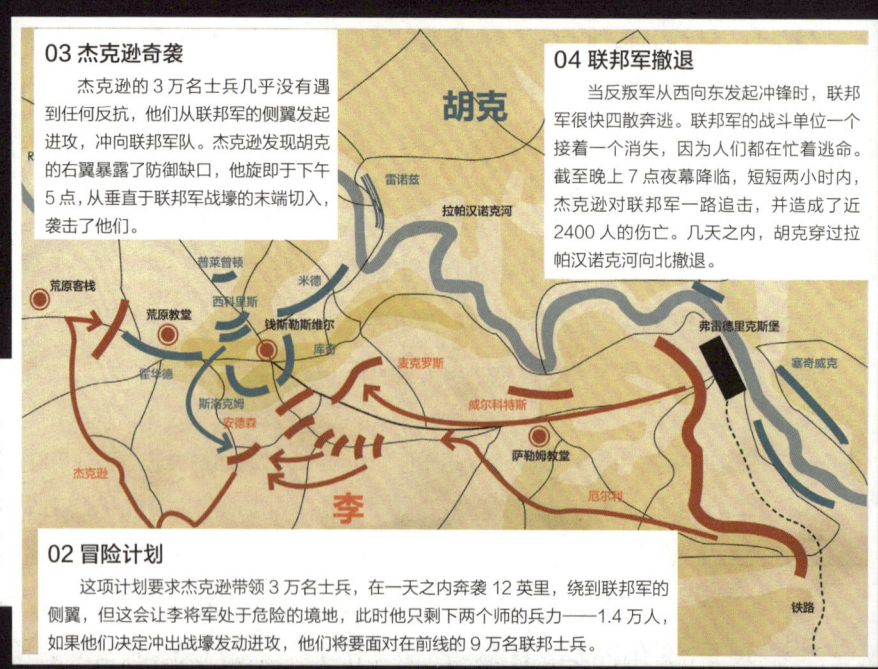

01 胡克的战壕工事
胡克没有向李发起进攻,而是让他的人在钱斯勒斯维尔镇周围深挖战壕。杰布·斯图亚特将军的骑兵向李将军报告,胡克的右翼阵地已经完全暴露。杰克逊想要绕到左侧,在侧翼发起攻击来击溃他们,目的是摧毁脆弱的洋基防线。

02 冒险计划
这项计划要求杰克逊带领3万名士兵,在一天之内奔袭12英里,绕到联邦军的侧翼,但这会让李将军处于危险的境地,此时他只剩下两个师的兵力——1.4万人,如果他们决定冲出战壕发动进攻,他们将要面对在前线的9万名联邦士兵。

03 杰克逊奇袭
杰克逊的3万名士兵几乎没有遇到任何反抗,他们从联邦军的侧翼发起进攻,冲向联邦军队。杰克逊发现胡克的右翼暴露了防御缺口,他旋即于下午5点,从垂直于联邦军战壕的末端切入,袭击了他们。

04 联邦军撤退
当反叛军从西向东发起冲锋时,联邦军很快四散奔逃。联邦军的战斗单位一个接一个消失,因为人们都在忙着逃命。截至晚上7点夜幕降临,短短两小时内,杰克逊对联邦军一路追击,并造成了近2400人的伤亡。几天之内,胡克穿过拉帕汉诺克河向北撤退。

东西：安提塔姆的胜利，至少是某种意义上的胜利，林肯公布了《解放黑人奴隶宣言》，宣布所有在叛乱地区的奴隶都成为自由人。在南方的奴隶们还需要很长时间才能实现真正的自由，但总统已经把这场冲突重新组织成了一场战争，现在，在这场战争中，联邦在道义上比反叛的南方联盟的蓄奴州更有优势。

李的对手能力不及他，这点对他很有帮助。他于12月13日在弗雷德里克斯堡使伯恩赛德蒙羞，然后于1863年5月在昌塞洛斯维尔摧毁了胡克的军队。然而，他英勇的北弗吉尼亚军队也遭受了惨重的伤亡。这是李的进攻主义导致的结果，这让他的军队付出了沉重的代价。也许把李叫作屠夫是片面的，但是北弗吉尼亚军队在安提塔姆有超过1万人伤亡，在弗雷德里克斯堡有5300人伤亡，在钱斯勒斯维尔有超过1.3万人伤亡——这是他们无法承受的损失。

李在葛底斯堡

虽然李在战术上的敏锐和战场上的冷静得到了应有的赞扬，但他的战略眼光却引发了他人更微妙的观点，甚至是批评。李在战斗中往往以一种非常激进的方式进行，这意味着即使获胜，也经常造成严重的伤亡。这些人员损失无法像人口众多的北方那样很快得到补充。

李将军决定入侵北方的宾夕法尼亚州，从而引发了葛底斯堡战役。在这场战役中，北弗吉尼亚的军队与规模更大、实力更强的波托马克军团展开了较量。在这场战斗中，他的军队被联邦士兵击溃。这一次军事行动在7月3日以皮克特冲锋而告终，李最后的有生力量被摧毁，造成了约7000人的伤亡。

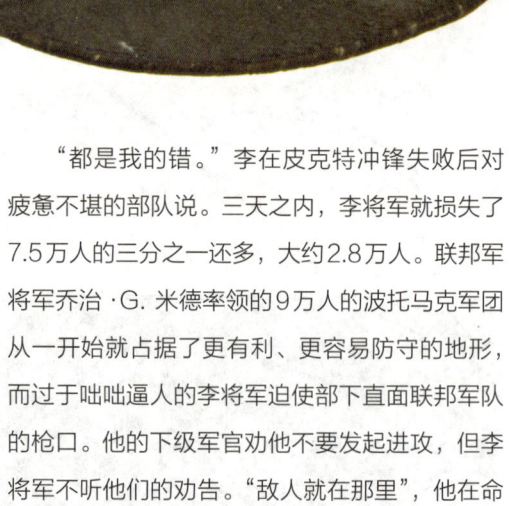

"都是我的错。"李在皮克特冲锋失败后对疲惫不堪的部队说。三天之内，李将军就损失了7.5万人的三分之一还多，大约2.8万人。联邦军将军乔治·G. 米德率领的9万人的波托马克军团从一开始就占据了更有利、更容易防守的地形，而过于咄咄逼人的李将军迫使部下直面联邦军队的枪口。他的下级军官劝他不要发起进攻，但李将军不听他们的劝告。"敌人就在那里"，他在命令皮克特冲锋的前三天说，"我要碾碎他。"

尽管他的部队向联邦阵地发起猛攻，但在这次战役中蓝衫军的损失却一反常态地比李少了2.5万人。对宾夕法尼亚州来说，这是一场完全没必要的入侵，除了李和米德损失了成千上万的士兵之外，没有取得任何成果，南方的胜利比以往任何时候都要遥远。李可能会怀念"石墙"杰克逊的协助，如果杰克逊此时还在世的话，他就可以参加葛底斯堡战役。但他只是一名军官，他和李根本无法对抗北方军在人力和资源上所拥有的无法逾越的优势。

指挥官格兰特

林肯终于找到了一个他可以依靠的将军——格兰特，来与敌人作战。"我不能放走这个人，"林肯曾经这样评价格兰特，"他能征善战。"1864年3月，格兰特恢复军衔，升为中将，并被任命为联邦军队的指挥官，这支军队共约55万人。现在他的任务是利用北方所拥有的一切人力和物资上的优势来摧毁南方联盟军。他不惧怕打仗，因为他知道打败南方联盟军队的关键，就是南方联盟的损失是无法轻易弥补的。所以他会让叛军流血，即使牺牲自己的军队也在所不惜。1864年5月至6月，格兰特指挥下的联邦军队在荒原、史波特斯凡尼亚、北安娜和冷港等地的战役中遭受了令人震惊的惨重伤亡，但北弗吉尼亚的军队也是如此。南方联盟的失败让军队损失了大量的士兵，而且都是精兵强将。

得力干将

这些将士助他们的领袖变得伟大。

格兰特和李在战时都有得力的下属协助。对格兰特来说，威廉·特库姆塞·谢尔曼就是这样的一个人，他们是西点军校的同学。和格兰特一样，谢尔曼也曾辞去军职，在银行业从事文职工作，结果喜忧参半。

脾气暴躁的谢尔曼的早期内战生涯并不光彩。当他面对无能、缺乏训练的志愿兵和过分好奇的记者时，他有些束手无策。而媒体的报道显得他有些精神错乱，他被解除了指挥权。1862年4月，他在夏伊洛之战中指挥格兰特旗下的一个师。格兰特和谢尔曼在后来的战争中结下了友谊，并于第二年占领了密西西比河上的维克斯堡。

谢尔曼和格兰特之间的关系不可动摇。两人都经历过战争初期的艰难岁月，是最亲密的同志。"当我发疯时，他站在我身边，"谢尔曼开玩笑地说，"当他喝醉时，我也站在他身边。现在，先生，我们永远站在一起了。"

李将军得到了"石墙"托马斯·杰克逊的帮助，杰克逊将军的军事智慧在战争的任何一方都是无与伦比的。和李一样，杰克逊也是弗吉尼亚人，1824年出生在克拉克斯堡。他的父母在他还小的时候就去世了，他由一位叔叔抚养长大。他非常向往军旅生活，并于1846年被西点军校录取。

他在美墨战争期间担任炮兵营的军官，他的表现堪称楷模，并很快从布雷维特中尉晋升为布雷维特少校。1851年，他从军队退役，在弗吉尼亚军事学院任教，教授哲学、光学和炮兵战术。战争爆发时他还在那里教书。

杰克逊个人反对脱离联邦，虽然他有六个奴隶，但他在任何意义上都不支持奴隶制。尽管如此，他还是追随他的家乡维吉尼亚州脱离了联邦，当战争来临的时候，他也加入了战争。1861年7月，杰克逊和他指挥的第一支弗吉尼亚旅在第一次奔牛河战役中赢得了"石墙"的绰号，因为他们顽强地抵抗了联邦政府军的猛烈进攻。

▲ 1864年，联邦将军威廉·谢尔曼接替格兰特成为西部战区的联邦指挥官

▲ 南方联盟将军"石墙"杰克逊负责在钱斯勒斯维尔战役中包围联邦军队

南北力量的平衡

仅凭将军们的军事才能是不足以取得胜利的。

北方比南方拥有巨大的潜在优势。北方在人员上占有更大的优势，因此可以把更多的士兵投入战场，更容易弥补人员损失。北方拥有的铁路是南方的三倍之多。它的工业发展远远超过了南方，而南方保留了农业为主的经济。北方可以自己制造大部分的毛瑟枪和大炮，也可以从欧洲购买武器来弥补任何短缺。除了一小部分意义不大的漏网之鱼，北方海军对南部港口的海上封锁限制了南方几乎所有的物资进口。

在外交上，南方各州期待的欧洲，尤其是英国，对它们的认可和支持从未实现。这主要是因为南方对棉花的重要性估计过高。许多南方人认为，当来自南方的棉花供应因战争而中断时，棉花短缺将导致英国人通过谈判达成协议，承认南方联盟的独立。相反，英国进口商找到了棉花的其他来源，而南方则失去了盟友或者说重要的外交支持。

▲ 毫无战果的史波特斯凡尼亚郡之役导致联邦和联盟军队损失了 3.2 万名士兵

格兰特的战斗意志帮助他克服了战争初期可能使他失去继续指挥权的担忧。他有酗酒的问题，且严重程度难以确定，这在很大程度上取决于观察的人。谢尔曼和其他许多人一样，很清楚格兰特嗜酒的癖好，但他认为这并不会妨碍格兰特。虽然格兰特"偶尔会喝得太多，"谢尔曼写道，"但当有事情悬而未决时，他总是会及时戒酒。"据说，林肯总统曾希望把格兰特喝过的一桶威士忌送给其他将军，让他们也能够上场打硬仗。

起义失败的开始

1864年6月，弗吉尼亚的彼得斯堡被格兰特包围，这是南方邦联首都里士满的大部分补给品都要经过的重要铁路枢纽。如果这座城市被占领，李将军将不得不在开阔地带与格兰特作战，或者让里士满落入联邦军队之手。波托马克军团试图用风暴般的进攻占领彼得斯堡，但失败了，他们在彼得斯堡周围挖了许多战壕，开始了正式的攻城战。尽管血腥的围攻战持续了几个月，但格兰特还是有效地牵制住了李将军，经过不断地消耗，北弗吉尼亚的联盟军数量逐渐减少。

与此同时，西部的谢尔曼正在努力把约瑟夫·约翰斯顿将军的叛军赶出田纳西州。1864年11月中旬，由6.2万人组成的田纳西大军开始了穿越乔治亚州和卡罗来纳的伟大征程。叛军总是可以成功撤退，而摧毁他们几乎是不可能的，所以谢尔曼不得不寄希望摧毁南方军的作战能力，甚至是作战意愿。他占领亚特兰大后，开始向佐治亚未被战争侵扰的乡村进发，他的人将靠那里的土地为生。在一大片60英里宽的土地上，蓝衫军烧毁了农田和庄稼，毁坏了铁轨，愤怒的南方民众只能眼睁睁看着他们肆无忌惮地破坏而无能为力。李仍然被格兰特包围在彼得斯堡，他也无计可施。

谢尔曼的部队移动了大约250英里后，于12月21日到达了大西洋海岸的萨凡纳。乔治亚州已是一片废墟，而且已经脱离了战争。谢尔曼的部队从萨凡纳出发，继续穿过卡罗莱纳，所到之处火光熊熊。这就是"全面战争"。南方已经无法承受更多的相同情况。

回到彼得斯堡，攻城战还在继续，人员伤亡数量不断上升，就像火炉里的煤块。1865年4月初，李将军在该市的地位岌岌可危。4月1日，他撤回了自己的军队，并警告里士满的邦联政府，他不能再保护首都了。4月2日，格兰特对被削弱的叛军防御工事发动了进攻，他的6万名士兵碾压了李将军仅留下的两万名士兵。彼得斯堡就在这一天被攻陷了，而里士满则在第二天就落入了格兰特的手中。此时，对格兰特来说最重要的事情是击败李将军的北弗吉尼亚军队，这支军队当时正处于脆弱的暴露状态。李将军比任何人都清楚，他手下的士兵缺衣少食，而且他的军队已经被北方军包围了。北弗吉尼亚军队的末日即将来临。

阿波马托克斯郡府

1865年4月9日，格兰特和李交换了消息后，在阿波马托克斯郡府的麦克莱恩家中会面，正式宣布北弗吉尼亚军队投降。具有极大讽刺意味的是，威尔默·麦克莱恩少校在马纳萨斯的农场早在1861年4月第一次奔牛河战役开始时就被征用了。之后少校带着他的家人去了阿波马托克斯，他认为他们可以在那里躲避战争的余波。1865年4月，战争在他的家乡结束了。

李第一个到达，按照他一贯的风格，衣着整齐地骑着他的战马——旅行者，来到麦克莱恩庄园，在那里他将同格兰特会面。相比之下，后来到达的格兰特穿着非常简单，甚至没有佩剑。他们坐在客厅里，谈了谈几十年前在墨西哥的经历，然后在李的示意下，开始谈正事。

格兰特的条件是，李将军麾下投降的军官和士兵可以被假释，除非双方再次交火（当战争结束时，这种情况永远不会发生），否则绝不再战，叛军应将武器移交给联邦军队。李同意了，并把他们的条件都写了下来。李将军离开时，格兰特和在场的其他联邦军官都举起了他们的帽子以示敬意。李也抱以还礼，骑马回到了他的军队。李的战争结束了，而不久之后内战也结束了。

▲ 人们在葛底斯堡战役后清理战场上的尸骸

潘兴的肖像

约翰·约瑟夫·潘兴

纪律严明的"黑杰克"潘兴在第一次世界大战期间指挥美军作战。

对约翰·约瑟夫·潘兴来说，1915年是悲剧的一年。8月26日至27日晚，潘兴在旧金山的家发生了火灾。他当时是一名准将，1914年在加利福尼亚定居，并在菲律宾服役后指挥第八旅。由于墨西哥边境出现骚乱，潘兴和他的部队被命令前往埃尔帕索。他的妻子和孩子——三个女孩和一个男孩——住在旧金山，潘兴认为他们在那里是安全的。然而，灾难性的大火夺去了他的妻子和三个女儿的生命，她们都在这场火灾中窒息而死。只有他的儿子沃伦幸存了下来。潘兴整个人被彻底击垮了。

第二年，潘兴被提升为少将，但这没有给他丝毫安慰。他对朋友说："现在，世界上所有的晋升都毫无意义了。"然而，潘兴尽了自己的职责，投身于军事。1916年，墨西哥军阀弗朗西斯科·潘乔·维拉对美国支持他的对手贝努斯蒂亚诺-卡兰萨一事感到失望，因而对美国领土发动攻击，袭击了新墨西哥州的哥伦布镇。由于18名美国人在袭击中丧生，政府下令进行惩罚性远征，潘兴被选为远征军指挥官。

1917年初，远征军从墨西哥撤退时，已经成功地削弱了维拉的兵力，为潘兴赢得了美墨边境的指挥权。1917年4月，伍德罗·威尔逊总统最终决定参加欧洲战争时，潘兴就担任着这个职位。与威尔逊的希望相反，美国显然不可能一边推动建立一个自由的世界秩序，一边又置身于如此重大的冲突之外。总统还发现，如果美国站在同盟国一边参战，德国将会支持墨西哥，尤其是潘乔·维拉。

因此，1917年4月2日，威尔逊向美国人民发表讲话："我们将为那些一直铭记在心的事情而战斗。"他的意图是高尚的，就像1914年英国和法国的意图一样，但当欧洲列强以牺牲数百万人的生命为代价去实现这些理想时，美国在实际层面上几乎没有什么军事上的贡献。美国常备军只集结了大约10万人，其中三分之一是骑兵或海岸炮兵。潘兴对潘乔·维拉的战役显示了其能力的极限。

"黑杰克"和水牛战士

潘兴因在第十骑兵团的非洲裔美国人部队服役而得此名。

1895年，35岁的潘兴作为第一中尉被调到第十骑兵团，这是一支由非洲裔美国士兵组成的精锐部队。他加入的时候，这个团的任务是把克里族人集中起来驱逐到加拿大。1895年10月到达阿西尼博因堡后，他被任命为第十骑兵团H队的指挥官，这支部队棘手的任务是追捕逃亡的克里族人，这些克里族人在平原上向爱达荷州和北达科他州逃窜。他指挥军队时充满了热情，不过他对士兵彬彬有礼，尊重有加。

1898年美西战争爆发后，他们被派往古巴服役，他对第十骑兵团的承诺得到充分兑现，他对士兵们说，希望能在战场上与他们并肩作战，尽管陆军部已经声明，不允许军事学院的任何教员在战场上服役。然而，潘兴如愿以偿，他的手下表现出色，特别是在圣胡安山战役中，第十骑兵团在胜利后插上了他们的军旗。这彰显了第十骑兵团的勇气，潘兴和他的同伴们主张黑人军队应该被授予作战任务，这一主张在第一次世界大战期间军队扩充时取得了圆满的结果。

当潘兴带领惩罚远征队越过墨西哥边境追捕潘乔·维拉时，也带上了着他的第十骑兵团。后来他热情洋溢地写道："我为有色人种军团效力，我们为他们在美西战争中的表现而感到自豪。""黑杰克"潘兴就是他引以为傲的称号。

▲ 第十骑兵团是一支非洲裔美国人部队，1898年美西战争期间曾在古巴与潘兴并肩作战

因此，威尔逊认为征兵是唯一可行的办法，尽管这对那些希望迅速部署美国远征军（AEF）的人产生了明显的负面影响。首先，现有的部队将被要求对新招募的人员进行培训，并将他们作为核心干部纳入自己的部队；其次，美国的武器制造业曾是盟国战争机器的重要组成部分，现在需要转向国内，为自己的军队生产武器和弹药。德国陆军最高指挥官埃里希·鲁登道夫认为，直到1919年，美国才有能力对欧洲发动军事打击。

尽管如此，美国人还是奋勇向前，威尔逊手下有六名大将，都是最高级别的军官，但除了伦纳德·伍德和潘兴，其他人不是病重就是年事已高。比伍德具有优势的是，潘兴身体健康，能够在战场上领导军队。潘兴已经证明了自己是一个具有广泛军事技能的实干家，尽管其他人非常适合这场消耗人力的战争，但欧洲战场的激烈情况仍有待观察。

潘兴上任时已经57岁了。1860年，他出生在密苏里州拉克利德附近的一个农场里，他的父亲在内战期间曾支持过联邦军队。1882年，他进入西点军校学习，他声称当时自己对所接受的教育比未来任何军事生涯都更感兴趣。他的成绩属于中流，在77名同学中排名第30位，他表现出了对成为领导者的兴趣，并被选为班级的第一任队长和班长。1886年夏天毕业后，他想请求军队让他延迟现役，当时他正在攻读法学学位，同年9月他加入了美国第六骑兵团，被任命为少尉，驻扎在新墨西哥州的贝亚德堡。美国第六骑兵团当时正在同杰罗尼莫作战，奇里卡瓦人、阿帕奇人

▲ 潘兴视察二营的两列士兵,这是第一次世界大战中的一个非洲裔美国士兵组成的军营。被称为"黑杰克"的潘兴一直很敬重这些部队

和潘兴后来因在这些战役中的英勇表现而受到表彰。

在潘兴早期的骑兵生涯中,他在新墨西哥州和南达科他州边境的各个据点作战,并在镇压苏族人最后的起义中发挥了作用。1890年,潘兴参加了镇压"鬼舞运动"的行动,这是达科他地区苏族人发动的起义,虽然他的部队没有参与到伤膝河大屠杀中,但在1891年1月,苏族人的战士袭击了第六骑兵团的补给线后,他们加入了战斗。

随着这一年接近尾声,潘兴开启了一段为期四年的内布拉斯加大学林肯分校学习历程,成为一名军事科学讲师,同时还获得了他梦寐以求的法学学位。他与该校的军事训练小组取得了很大的成功,以至于学生们投票决定将他们的名字改为潘兴步枪队。离开林肯分校后,潘兴回到前线

▲ 第一次世界大战期间美国在欧洲的指挥官潘兴将军与第一批美国士兵一起抵达法国

1890年，潘兴参加了镇压"鬼舞运动"的行动，这是达科他地区苏族人发动的起义。

▲ 在菲律宾拉瑙省巴科洛德堡的独立战争中，潘兴上尉在指挥战斗

服役，在那里他被晋升为第十骑兵团第一中尉，然后在1897年进入西点军校，担任了一年的战术教官。

正是在这里，潘兴获得了"黑杰克"的绰号，这是他的学员们给他起的一个有意思的绰号，他们认为潘兴对军规的要求过于严格了。

在西点军校执教一年后，潘兴重返现役，并参与了于1898年爆发的美西战争，美西战争的爆发缘起于这一年2月美国军舰"缅因"号在古巴哈瓦那港被击沉。美国支持古巴反抗岛上的西班牙统治者，潘兴在圣地亚哥战役中表现出色，美国军队，包括潘兴的第十骑兵团，试图入侵并占领古巴第二大城市。

战争促成了潘兴的迅速晋升，他成为了志愿兵少校军械官。1899年6月，他被任命为副官，之后又来到美国陆军部海岛事务办公室任职。一位观察者说潘兴在战火之下"冷酷得就像一碗碎冰"。随着战争在太平洋地区的蔓延，1899年11月，年轻的潘兴中尉被派往菲律宾南部的棉兰老岛。1901年，他被任命为上尉，领导了一场镇压摩洛族人的运动。摩洛族人曾激烈地反抗西班牙的统治，现在又反抗美国人。

在菲律宾服役期间，潘兴开始致力于与马拉瑙部落的摩洛族人建立友好的关系，并且成功了，他获得了当地荣誉酋长的称号。1903年，他回到美国，在那里，他遇到了怀俄明州参议员弗朗西斯·沃伦的女儿海伦·弗朗西斯·沃伦，并向她求爱，娶她为妻。

1905年潘兴在日本度过了蜜月，并在美国大使馆担任驻日武官。日俄战争期间，他作为观察员在日本军队中待了几个月。1906年，他的职业生涯得到了最大的提升，超过了862名高级军官，从上尉一跃晋升为准将。他的岳父当时是参议院军事委员会主席，这引发了对他依靠裙带关系上位的指控。但事实上，除了一位将军外，所有美军将领都建议提拔潘兴，不过沃伦参议员很可能是参议院批准这一职位的关键人物。1909年到1913年，潘兴回到菲律宾担任棉兰老岛要塞司令和省总督。

潘兴回到美国后指挥第八旅，并被派往埃尔帕索，这是他被任命为驻欧洲美军司令之前的最后一个主要指挥任务。

1917年5月潘兴带领着由191名士兵和军官组成的队伍，启航前往欧洲，抵达法国的时间是1917年6月9日。在组建了他的总参谋部之后，他写信给陆军部，建议"到明年5月至少派遣100万人，到1919年的时候部队人数要达到300万人"。潘兴认为对美国来说，至关重要的是要保持自己军队的完整。在美国参战时，盟国曾要求将美国军队分散到现有的盟军战线，以补充其人数上的不足。

潘兴的想法是对的。10月21日，美国士兵第一次在南锡附近一个偏僻的地方进入前线战壕。第一师的每个团都派出一个营的兵力与一个法国师每十天进行一次轮换。11月2日到3日晚，美国远征军卷入了第一场冲突，造成了一些人员伤亡。在这一阶段，远征军有四个师驻扎在法国第一、第二、第二十六和第四十二师。尽管潘兴要求在第二年5月之前增加100万人的军队，但他被告知，这个数字还不到一半。美国也缺乏资源来满足他的需求。但潘兴仍然无所畏惧。

1917年12月，盟军陷入困境。同盟国与俄国签订了停战协定，从而让东线军队得以脱身，而英国人在伊普尔和帕斯尚尔都遭受了巨大的损失，法国人不仅在尼韦尔遭受了失败，而且在春

▲ 美国的领土被攻击之后，潘兴在墨西哥领导了对潘乔·维拉的惩罚性远征

▲ 潘兴在马背上敬礼,带领老兵在纽约游行。1919年,他被任命为陆军上将

▲ 潘兴和潘乔·维拉。后者不久后将变成难以捉摸的敌人

季还发生了叛乱。此时急需美国部队的增援,但只有17.5万人的美军抵达法国,而且大部分还没有进行充分训练。相比之下,像加拿大这样资源相对匮乏的国家,在加入战争的六个月内就组建完成了一个完整的师,而在加里波利战役中,澳新军团仅在两个月内就组建起了两个师的兵力。法国人嘲笑美国军队是童子军。有一次一个美国士兵开车不小心从一个巴黎人身上碾过,法国人就讽刺美国远征军杀死的法国人比杀死的德国人还要多。

潘兴感到十分沮丧。截至1918年2月,美国已经打了10个月的仗,但只有第一师守住了阵地,而且还是在最平静的战场之一。潘兴认为,德国强大的春季攻势一旦爆发,美国人将不得不只能"几乎无助地袖手旁观",眼睁睁地看着盟军崩溃。他担心盟军会受到"世界上最强大的军事进攻"的打击,而在那年3月,德国也确实燃起了末日般的炮火。3月21日,德国人对战场进行了猛烈的炮火轰击,共派出71个师团,迎战占据西线关键节点的26个英国师团,他们不顾一切地想要在美国的战争机器开始有效行动之前击溃盟军。到4月5日,英军仅在两周内就

▲ 美国陆军上将潘兴与英国战争部长温斯顿·丘吉尔进行交谈

同盟国列强与俄国签订了停战协定，从而让东线军队得以脱身。

遭受了近17万人的伤亡。

随着盟军的扩张，潘兴提出将他的四个师全部编入战线，组成一个军团，但是法国总司令菲利普·贝当不同意，他认为德国人很可能会把兵力集中起来，攻击这条战线上没有战斗经验的军队。尽管这不是他想要的行动方案，但潘兴还是默许了。他把所有的资源都交给了法国元帅斐迪南·福煦，盟军把福煦提拔为最高指挥官。

盟军挺过了德国的春季攻势，并在夏季发动了反攻。这使得盟军预备队得以成立，而美国军队最终也能像潘兴长期希望的那样，在法国组建自己的军队，而不是零零散散地去支援盟军防线中被削弱的部分。美国军队由于6月在贝洛伍德的行动，提升了士气，当时第二师在法国从兰斯-苏瓦松前线撤退的情况下进行了部署。美国人作战英勇，虽然他们只赢得了一片树林和两个小村庄，但这场胜利却极大鼓舞了众人的士气。

除此之外，美国军队在别的地方也有部署，第一师是在坎提格尼，第三师是在沙托鲁-蒂埃里城堡。潘兴的人能抵抗德国人吗？美国远征

追捕潘乔·维拉

在墨西哥针对潘乔·维拉的战役中,后来成为美军驻欧洲司令的潘兴已经初露锋芒。

1915年10月,美国政府正式承认贝努斯蒂亚诺-卡兰萨为墨西哥政府的领导人,这一举动让他的对手弗朗西斯科·潘乔·维拉大为恼火。美国直接出手干预墨西哥革命,帮助5000多名墨西哥士兵在阿瓜普列塔战役中战胜维拉,维拉开始对居住在墨西哥北部的美国公民发动攻击。1916年3月9日,维拉有可能是在德国政府的鼓动下,在新墨西哥州的哥伦布镇发动了袭击,杀死了10名美国平民和8名士兵。

伍德罗·威尔逊总统勃然大怒,下令派遣一支惩罚性远征部队进入墨西哥,要让维拉在他面前跪地谢罪。潘兴当时是一名准将,同时也是得克萨斯州布利斯堡的指挥官,他负责领导这次行动。他的助手之一是乔治·S.巴顿。

到4月8日,潘兴将军已率领6675名士兵深入墨西哥境内400多英里,这是美军当时在外国领土上进行的最大规模的行动。随着远征队的前进,墨西哥和美国之间的紧张局势进一步恶化,美国军队很快就和维拉的政府人员展开了战斗,但维拉逃脱了。1917年2月初,潘兴撤回,美国人没能完成远征的主要目标。然而,潘兴已经提高了他作为组织者和领导者的声誉,并很快接受了一个美军有史以来面临的最重要的任务——一战期间在欧洲部署作战。

▲ 潘乔·维拉对美国本土发动了自独立战争以来的第一次国外袭击

军大约有80万人。他决定将他的士兵从盟军的指挥中撤出,到8月,美国远征军已经撤出了所有的法国教导团。同月,潘兴对他士兵的数量和士兵的适应能力充满信心,美国第一集团军成立了。

潘兴满怀希望,尽管他的军队从未完全实现自给自足,但这支军队很快取得了两场更大的胜利,第二场胜利在全世界产生了反响。首先是对圣米耶勒突出部的进攻。这是一个巨大的三角地带,足以切断盟军的战线,它穿过了巴黎到南锡的铁路,潘兴一直关注着美军的进攻情况,去年他在同贝当的第一次会面中谈起了这次进攻计划。盟军担心美国在面对一场大战时会采取幼稚的举动,英国也试图取消这次进攻。然而,福煦批准了这个计划,尽管他也对美国人缺乏经验表示担忧。

圣米耶勒突出部宽约25英里,深约16英里,有一系列严密的防御工事,盟军和美军投入了大约三分之二的兵力,其中有55万美军和11万法军。大部分军械是法式装备。9月12日凌晨1点,由美军指挥的进攻开始了,而且开局非常顺利。潘兴很明智地把经验丰富的第一、二、四十二师派到更危险的南方开阔地带,让经验较少的师团穿过有遮蔽掩护的林地。后来成为美国军界巨头的乔治·S.巴顿,指挥法国制造的雷诺坦克进行战斗。这次行动取得了巨大的成功,削弱了突出部的敌军实力,收复了200平方英里的领土,解放了巴黎—南锡铁路。它见证了美国第

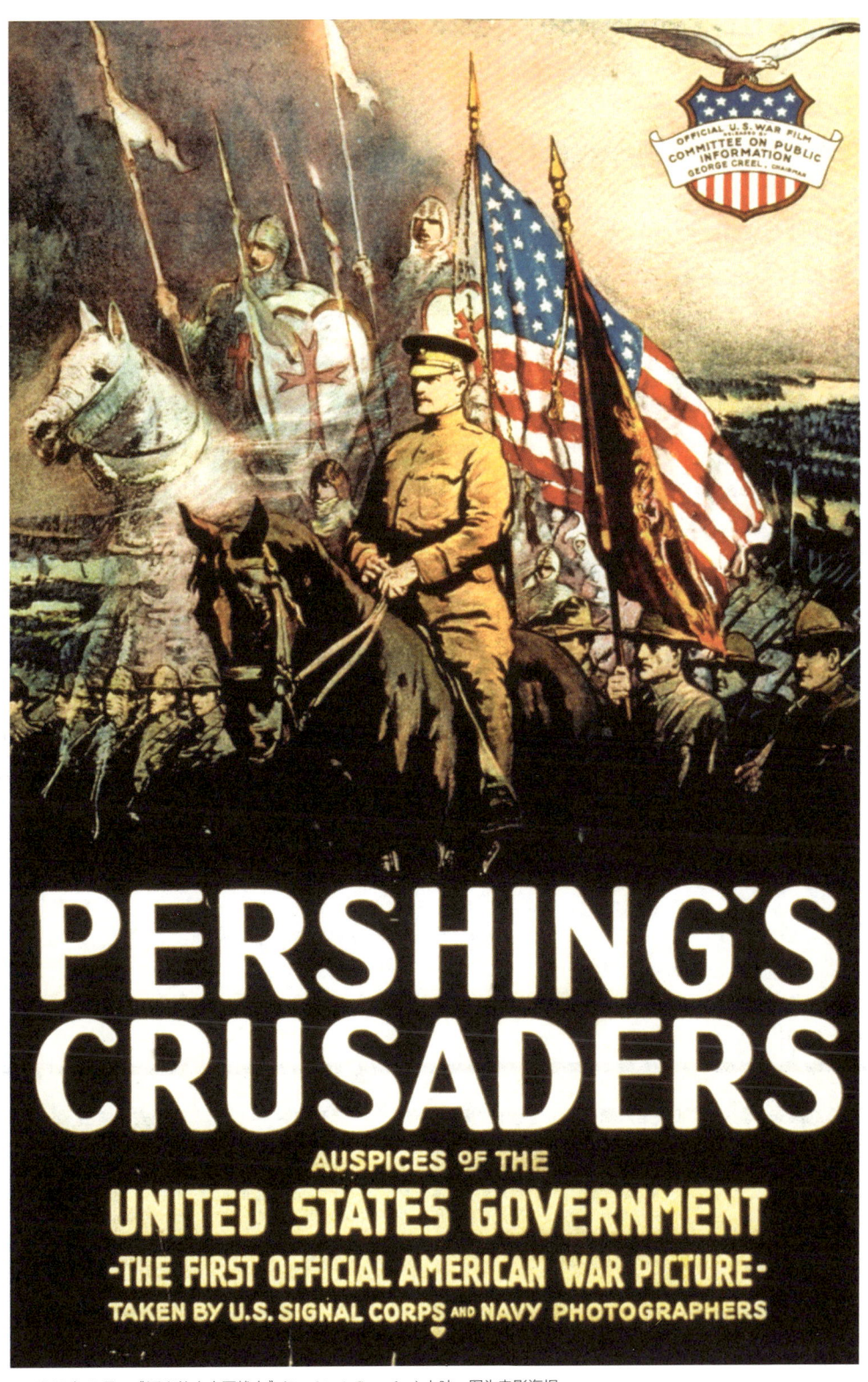

▲ 1918年5月，《潘兴的十字军战士》(Pershing's Crusaders) 上映，图为电影海报

一集团军士兵和军官的作战实力，并让他们获得了良好的声望。现在对于潘兴来说可谓是万事俱备只欠东风了。

建功的机会随着9月26日发动的默兹-阿尔贡攻势到来了。默兹-阿尔贡地区被认为是整个西线最重要的战略区域之一，第一集团军被选中进攻色当，这对潘兴来说是胜利的信号。如果作战成功，将切断德国的铁路网，并将他们限制在一定区域。第一集团军进攻默兹河以西，浓密的阿尔贡森林阻碍了他们的前进。一百多万美军参加了战斗，尽管伤亡惨重，但他们还是战胜了敌人，迫使他们撤退。

到10月31日，美军前进了10英里，法军前进了20英里，阿尔贡河上的德国军队已被清除。11月10日，盟军终于抵达色当，切断了铁路线。这是一项重大的战绩，德国被迫求和。11月11日宣布停战，潘兴大获全胜。美国在欧洲战争中证明了自己的价值。"黑杰克"是个英雄。

在和平时期，许多人期待法国战争中的美国英雄潘兴来竞选总统。这十分正常，但潘兴始终坚称，他对政治没有多大兴趣。当共和党在1921年重新掌权时，他们正在计划为这位伟大的美国人设立新的职位。令潘兴非常高兴的是，他被任命为美国陆军参谋长，并一直担任这个职务直到1924年退役。

关于潘兴的私人生活，人们普遍认为，在第二任妻子不幸去世后，他会与安妮·巴顿结婚。安妮·巴顿是他的助手乔治·S.巴顿的妹妹。然而，在他旅法期间，他们的关系日渐淡薄，他与米雪琳·雷斯科的友谊却日益深厚。雷斯科是归化法国的罗马尼亚人。虽然两人从未结婚，但他们的关系一直保持和谐，直到他去世，虽然中间两人分开了很长一段时间。

1932年，潘兴凭借其回忆录《我在世界大战中的经历》重返公众视线，该书获得了普利策历史写作奖。第二次世界大战爆发后，他从一开始就主张美国援助英国。1948年潘兴去世，享年87岁。他去世后，美国为这位伟大的纪律严明者举国哀悼，称赞他是一位有着无法言说的决心和信念的人。潘兴是美国历史上唯一一位在服役期间获得陆军特级上将军衔的人，这是一位伟大的士兵和真正的美国英雄所应得的荣誉。

人生经历

约翰·约瑟夫·潘兴出生
潘兴出生在密苏里州拉克利德附近的一个农场，他的父亲约翰·弗莱彻·潘兴是一名商人，母亲安·伊丽莎白·汤普森是一名家庭主妇。1880年，他从州立师范学校（现在的杜鲁门州立大学）毕业，获得科学教学学士学位。
1860年9月

加入第六骑兵团
1886年夏天从西点军校毕业后，潘兴加入了第六骑兵团L部队，并于9月开始服役。他在加利福尼亚、亚利桑那和北达科他州服役。
1886年7月

镇压"鬼舞运动"
第六骑兵团参与了镇压苏族人起义的"鬼舞运动"，潘兴的部队没有参与伤膝河大屠杀。
1890年12月

晋升中尉
他加入了第十骑兵团，在几次战斗中都表现出色。他对这些非洲裔美国士兵的指挥为他赢得了"黑杰克"的绰号。
1892年10月

圣胡安山之战
美西战争期间，在古巴与第十骑兵团的战斗中，与他们并肩作战的还有他们的指挥官，后来成为美国总统的西奥多·罗斯福。
1898年7月

与海伦·弗朗西斯·沃伦结婚
他与怀俄明州参议员弗朗西斯·E.沃伦的女儿海伦·弗朗西斯·沃伦结婚，并在日本度蜜月。
1905年1月

▲ 西点军校 1888 届毕业生

▲ 潘兴和他的妻子以及孩子们。不幸的是，他的妻子和三个女儿都葬身火海

带领墨西哥远征队

在他的妻子和女儿不幸去世后不久，潘兴被要求领导对潘乔·维拉的进攻，这场战争从 1916 年持续到 1917 年，他在战役中被提升为少将。虽然这场战役没有成功地将维拉因其对哥伦布镇的攻击而绳之以法，但确实大大削弱了其力量和威胁。潘兴学到了很多关于战争后勤的知识，当威尔逊总统在第一次世界大战期间为了寻找一位能够同法国盟军一起作战的美国军队总司令时，潘兴对指挥的执着精神为他赢得了这一职务。

1916 年 3 月

圣米耶勒之战

50 多万美国人参与了这一行动，并取得了巨大成功。盟军领导层现在对美国的官兵们另眼相看了。

1918 年 9 月

被授予陆军特级上将

潘兴晋到最高军衔，尽管他在战场上只担任过四星上将。直到今天，他仍然是历史上唯一一位在服役时晋升为陆军特级上将的人。

1919 年 9 月

晋升准将

结婚后不久，他迅速从上尉晋升为准将，一举超越了 862 名高级军官。他的岳父是参议院军事委员会主席，这引发了对他依靠裙带关系上位的指控，但事实上，除了一位将军以外，美国军方的所有将军都投票支持提拔他。不过，沃伦参议员可能是参议院批准这一职位的关键人物。潘兴回到菲律宾后不久，1909 年到 1913 年担任棉兰老岛要塞司令和省总督。

1906 年 9 月

向欧洲起航进发

潘兴被任命为美国远征军总指挥，他将起航前往欧洲，6 月在利物浦登陆，然后转往法国。他主张建立一支独立的美国军队，但当他看到盟军面临的压力后，他让自己的军队听命于盟军，直到形势开始逆转。此时，第一军团已经形成，并得到了较好的训练，在法国战场上做出两次重大的贡献之前，他们在一些小型战役中证明了自己的勇气。

1917 年 5 月

夺取色当

美国人对默兹－阿尔贡战役的主要贡献是切断了德国的供应网络，并促使他们求和——这是潘兴和第一军团的重大胜利。

1918 年 11 月

任命参谋长

潘兴职业生涯中接受的最后一项重大任务是建立战争计划委员会，并推动建立一支强大的军队，完善军官教育和建立一支管理良好的民兵部队。

1921 年 7 月

乔治·史密斯·巴顿，美国陆军四星上将

乔治·史密斯·巴顿

一个傲慢、残暴、勇敢，但极具战争天赋的复杂的人，这就是乔治·巴顿——一个非凡的美国人。

乔治·巴顿是美国军事史上真正的巨人，美国"最伟大的战斗将军"，按照富兰克林·D.罗斯福的说法，他的名字是顶级装甲战争的同义词。他的声誉如此之高，以至于在第二次世界大战诺曼底登陆之前，盟军凭空造出了一个并不存在的巴顿集团军群，这个集团军群的名字被泄露给了德国人，这促使德国针对这支幽灵军队部署了大规模防御力量。在结束欧洲战场的过程中，巴顿发挥了巨大的作用，他指挥了18个师和54万名士兵，这支军队的规模堪比越战期间美国军事力量的顶峰。

巴顿的很多功绩体现了他卓越的军事才华和冲动的性格，包括他在阿登战役中所取得的杰出成就。此役中德军最后的反攻因他的决定而遭到失败，他带领军队在冰雪覆盖的阿登地区前进了100英里，然后用17个师的兵力进攻敌军的侧翼。不久之后，欧洲的盟军最高指挥官艾森豪威尔在经过特里尔时，建议巴顿绕过这个重兵设防的城市，因为艾森豪威尔认为需要动用四个师的兵力才能攻下它。对此，巴顿答道："我带领两个师就拿下了特里尔。你现在要我把它还给德国人吗？"

▲ 在西点军校学习时，由于成绩不好，巴顿不得不重修大学一年级的课程。他于1909年6月毕业

巴顿通常很直爽，所有事情对他来说非黑即白，但是，他又是一个思想矛盾的人。普利策奖得主、历史学家里克·阿特金森在《我所知道的战争：巴顿回忆录》一书的序言中形容他是："一个在民主时代作战的军阀""一个傲慢的、不知悔改的、贵族派的势利小人"。他在军事生涯中展现的卓越才华在某种程度上被一些有争议的观点和行为冲淡了。尽管一些历史学家否认他是公开的种族主义者，但他一生都信奉反犹太主义和反非洲裔美国人的观点。

巴顿出生于一个特权家庭。他娶了一位富可敌国的家族的女继承人；他笃信宗教，私下里默默祈祷，然后当众出言不逊。他说："这是我的命运，我要领导一支有史以来最庞大的军队，在我杀死别人之前，上帝是不会让我先被杀死的。"

事实上，考虑到他的军事家族血统，就很容易理解为什么巴顿认为他可能天生就擅长打仗。根据家族传说，他的祖先在他们的祖国苏格兰为查理王子而战。他祖先中的休·默瑟是法国和印度战争的老兵，在独立战争期间的普林斯顿战役中阵亡。美国内战期间，他的祖父和叔祖父为南方联盟战死。

他衣着整齐，无可挑剔，迷彩制服上面装饰着五角星，穿着及膝长靴，腰间还挎着象牙柄手枪。他博览群书，荷马、吉卜林都是他的最爱，而且能引用大量诗句。他是军事史专家，会说一口流利的法语。除了家族传统以外，他的自信和军事智慧也建立在精心构筑的基础之上。很少有指挥官能像乔治·巴顿那样勤奋地工作，为自己在军事上的杰出表现做充分准备。

巴顿于1885年11月11日出生于加利福尼亚州圣加布里埃尔，虽然他是个聪明的男孩，但患有无法诊断的诵读困难症，这阻碍了他接受正规教育。他在弗吉尼亚军事学院学习了一年，然

▲ 美国在墨西哥的远征部队军官们，包括潘兴和巴顿（左起第四和第五位）

很少有指挥官能像乔治·巴顿那样勤奋地工作，为自己在军事上的杰出表现做好充分准备。

后转到了西点军校，不过由于成绩不佳，不得不复读了一年。1909年6月毕业后，他被任命为美国骑兵少尉。1910年5月26日，他与工业家弗雷德里克·艾尔的女儿比阿特丽斯·班宁·艾尔结婚。

巴顿的第一次服役是在伊利诺伊州谢里丹堡的第十五骑兵团，之后他被调往弗吉尼亚州迈尔堡。1912年在瑞典举行的奥运会上，巴顿被选参加现代五项，他是第一个参加此项目的军人。他还入选了1916年的奥运会，遗憾的是比赛由于欧洲的战争被取消。奥运会结束后，他前往法国进一步学习剑术，并对其有了更多的了解。回到迈尔堡后，巴顿为美国骑兵重新制定了军刀作战理论，并着手重新设计他们的军刀。他坚持认为刺击比传统的挥砍更有优势。1912年，骑兵部队为"巴顿剑"下了首批两万份订单。在他的整个青年时期，巴顿证明了他是一个精力充沛，甚至是有些鲁莽的运动员，他在踢足球和打马球时头部遭受了多次撞击，以至于一些历史学家认为这可能是他成年后行为更加古怪的原因。

这颗冉冉升起的新星如此耀眼，以至于准将约翰·潘兴选择巴顿作为他的助手，并于1916年参加在墨西哥对潘乔·维拉的讨伐。战争很快取得了胜利，巴顿在与维拉私人保镖指挥官胡里奥·卡德纳斯的枪战中胜出。之后巴顿开车返回营地，直接登上了报纸头条。"这个巴顿小子，"潘兴兴奋地说，"是个真正的战士。"

1916年5月，这位"真正的战士"被晋升为中尉，一年后，被任命为舰长，与潘兴一同出航欧洲。美国参加了第一次世界大战，正是在法国，巴顿第一次对坦克产生了兴趣。1917年11月，英军在康布雷用装甲部队突破德军防线，这让他大开眼界，后来他成为美国坦克装甲兵团的第一个成员。他对这门学科狂热的投入，使他很快就被提升为少校，监督这支新生部队的训练。他甚至还设计了制服。雷诺制造了25辆坦克，当其中的前10辆随美军抵达时，巴顿是唯一能驾驶它们的人，他亲自将每辆坦克开下了火车。

1918年9月12日，身为陆军中校的巴顿率领第一批美国坦克部队投入到圣米耶勒之战中。事实上这违反了规定——旅长指挥官不应该亲自带军进入战场。虽然他的勇敢行为在很大程度上最终确保了积极的结果，但他的指挥官塞缪尔·洛肯巴赫上校把他训诫了一番，并在战后向大家说："巴顿愚蠢地认为他的责任就是在坦克上作战。"几周后，在默兹-阿尔贡战役中，一颗机关枪子弹击中了巴顿的腿部，造成重创。他被困在战场上至少两个小时才被救出。在此之后，他很快被授予临时的上校军衔，并因战场上的英勇行为而被授予杰出服役十字勋章。

第一次世界大战之后，巴顿恢复了上尉的永久军衔，并于1931年进入陆军战争学院，在那里他的研究论文被转交给陆军部，被评为一篇"杰出的论文"。作为一名军事思想家，他积极游说争取发展美国自己的坦克装甲部队，并提出珍珠港极易受到日本攻击的观点。1941年12月7日降临在夏威夷美军头上的灾难，证实了他的担忧似乎是正确的，而且早在罗斯福将大部分太平洋舰队驻扎在这些岛屿上，作为对日本侵略的威慑之前，他就做出了这个预言。

▲ 1918年7月，乔治·巴顿中校在法国朗格勒附近的坦克兵团学校

1938年，巴顿晋升为上校，1940年，他被任命为临时准将。同年12月，当美国为可能加入第二次世界大战做准备时，他派遣了6500名士兵和1200辆坦克，从班宁堡出发，行进270英里到达佛罗里达，然后再返回，以检验他们是否能够严格遵守纪律。1941年4月4日，他晋升为临时少将，一周后，被任命为第二装甲师的指挥官。到了夏天，他在班宁堡与新兵们的英勇事迹吸引了媒体的注意，7月，他登上了《生活》杂志的封面。

偷袭珍珠港事件发生后，巴顿在加州印第奥附近设立了沙漠训练中心，以模拟北非严酷、崎岖的沙漠作战演习。他在那里的经历使他在1942年夏天作为"火炬行动"的一分子被派去帮助策划盟军对法属北非的入侵。同年11月，他被任命为西部特遣部队的指挥官，率领三个师和3.4万名士兵在摩洛哥大西洋海岸登陆。盟军

他的担忧似乎是对降临在夏威夷美军头上灾难的首个预言。

巴顿：好莱坞式的传奇

1970年，由乔治·C.斯科特主演的军事传记电影《巴顿将军》斩获了七项奥斯卡大奖，巩固了这位将军在美国民间传说中的地位。

对于许多美国人来说，乔治·S.巴顿的形象几乎完全是由乔治·C.斯科特在这部充满力量、构思巧妙的电影中的表演所塑造的，这部电影由富兰克林·J.沙夫纳导演，弗朗西斯·福特·科波拉和埃德蒙·H.诺斯担任编剧。影片开场，巴顿笔直地站在空荡荡的舞台上，身边是一面巨大的美国国旗。尽管几乎与所有的传记片一样，这部电影呈现了许多真相，并抓住了主人公的许多小缺点，但也不可避免地存在扭曲事实的问题。

影片以巴顿在卡塞林山口溃败后指挥第二集团军开始，并记录了他在第二次世界大战期间所经历的巨大打击和失误。

巴顿的劲敌布雷德利是影片的主要军事顾问，这一事实应该会让巴顿感到难以置信的愤怒。因为，正如巴顿的一位传记作者所指出的，具有讽刺意味的是，"布雷德利因为提供有关（巴顿）的专业咨询得到了一大笔钱，但他轻视并且永远不会理解这个战友……"因此，巴顿经常被描述成一个爱打扮、爱虚荣的人（他也确实如此），而布雷德利则被称为"美国大兵的将军"，被描述成一个可靠、值得信任的家伙，这也就不足为奇了。这部电影中有许多时代错误，其中最让那些军事爱好者感到沮丧的是战争场景中使用的是战后的坦克，但它仍然是一部优秀的影片，配得上它获得的众多奖项。

▲ 乔治·C.斯科特凭借《巴顿将军》获得奥斯卡最佳男主角奖，但他拒绝接受这个奖项，理由是他不赞成将表演作为一项比赛

协同在地中海海岸登陆，向被维希法国军队占领的卡萨布兰卡推进。

11月11日，卡萨布兰卡陷落，巴顿促成了停战。摩洛哥的苏丹对巴顿的指挥和举止印象深刻，赠送了大量礼物给这位美国的胜利者，尽显奢华的排场。卡萨布兰卡登陆战为巴顿赢得了他的第二个杰出服役十字勋章，但他本人仍感到沮丧，因为他在第一次世界大战期间只在战场上度过了五天，而到目前为止，在北非的战斗只进行了四天。他渴望能够再次出征。

德军在北非的强大反攻导致美军惨败，艾森豪威尔的第一集团军在西吉布吉特和卡塞林遭到重创。美国第二集团军在这两场战役中损失了6000人，艾森豪威尔的海军助手在他的日记中说这是"我们历史上最大的失败之一"。1943年3月，巴顿受命指挥第二集团军，他以一贯的自信宣称将"率领它击溃德国人"。

进攻首先在西西里岛上展开。随着轴心国部队最终撤出北非，盟军发现这个地中海的重要岛屿已经在他们的控制之下。丘吉尔急于迫使意大利退出战争，于是在1943年7月10日发起了一场名为"赫斯基行动"的战役，进攻西西里。此

▲ 1943年，在解放意大利西西里岛的战役中，巴顿涉水登陆

职业生涯的危机

在两起不同的事件中，对两名住院士兵的殴打几乎让巴顿的事业毁于一旦。

巴顿的回忆录《我所知道的战争》，对他职业生涯中最具争议的时刻几乎没有留下任何笔墨。然而，他对两名没有明显受伤迹象的住院士兵的殴打几乎毁掉了他精心打造的职业生涯。第一次事件发生在1943年8月3日，当时巴顿造访了位于西西里岛尼科西亚郊外的第十五战地医疗点，在那里他遇到了查尔斯·库尔，他身上没有明显的伤口。

当被问及身体有什么不舒服时，库尔回答说："我想我就是受不了了。"巴顿辱骂了这个士兵，骂他是懦夫，并命令他离开帐篷。据目击者称，当时这名士兵被吓得一动不动，巴顿用手套打了他，并在他的屁股上踢了一脚，把他推出了帐篷。库尔后来被诊断出患有慢性痢疾和疟疾。

一周后，巴顿在西西里岛圣斯蒂法诺附近的第九十三战地医疗点与保罗·班尼特列兵会面。班尼特说他的神经忍受不了持续不断的炮击。这激怒了巴顿，他拔出手枪，一巴掌打在了班尼特的脸上。这些事件最终被泄露给媒体时，引起了轩然大波，艾森豪威尔不得不严厉地责备了他的朋友，但这位总司令私下里比他在公众场合所表现出来的要更同情巴顿。

▲ 像许多优秀的指挥官一样，巴顿也经常探望他的伤兵

> **尽管荣誉被颁给了巴顿，但他在第一次世界大战期间只在战场上度过了五天。**

时的巴顿晋升为中将，他率领美国第七集团军进入西西里岛，在那里他拒绝了仅仅简单保护英国侧翼的任务，而是在一次迅速袭击巴勒莫的行动中派出了他的装甲部队。随后，他先于英国人和蒙哥马利（蒙哥马利后来成为他最憎恨的对手）在8月份拿下了墨西拿。尽管许多轴心国军队已撤退至意大利本土，但仅38天，巴顿就攻下了西西里岛，共俘虏了4.4万人。

1943年8月，巴顿殴打美国士兵的事情传到了艾森豪威尔的耳朵里，这件事使巴顿臭名昭著，但艾森豪威尔还是利用自己的影响力使这一丑闻没有见报。然而，在11月，事情还是被泄露了出去，并形成了一个耸人听闻的电台新闻故事。虽然公众舆论对巴顿极为不满，但艾森豪威尔意识到，这位伟大的战士不应该成为公众舆论的牺牲品。

然而，巴顿的急躁意味着他被忽视了，他本应成为在英国为诺曼底登陆做准备的第一集团军的指挥官，但是他的主要对手——前下属奥马尔·布雷德利获得了本次行动的指挥权。

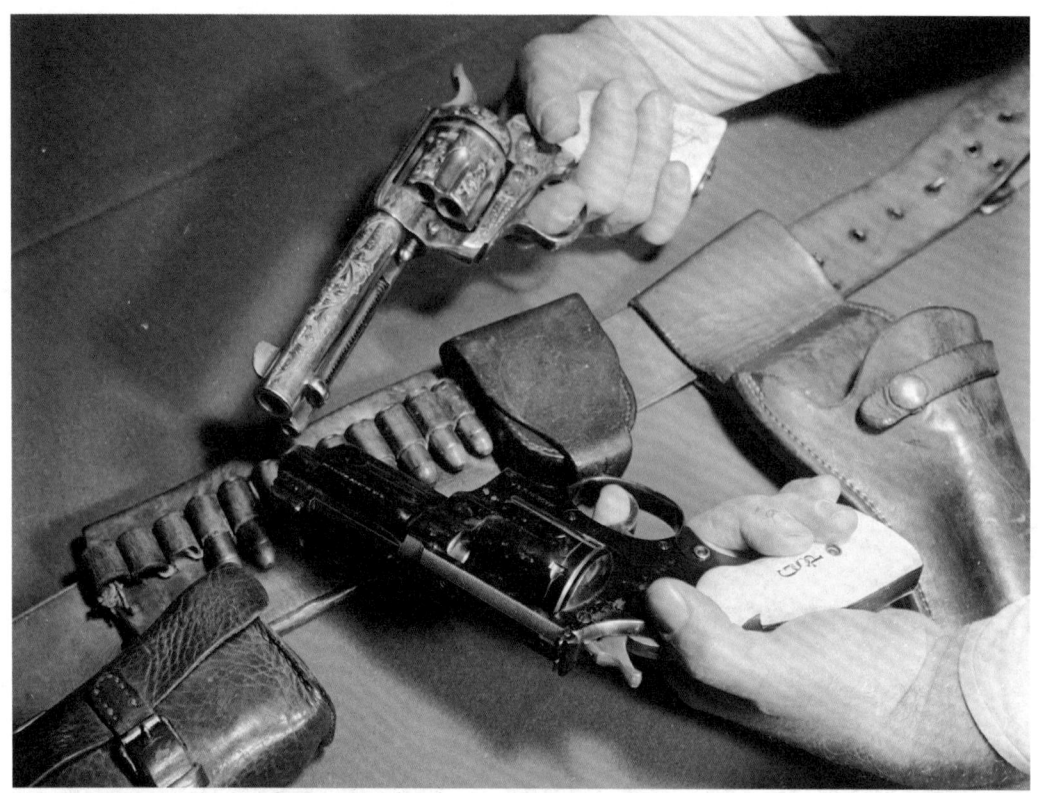
▲ 作为一名爱出风头的人，巴顿更喜欢象牙柄左轮手枪，就像他个人收藏的这两支枪一样

1944年春，当行动逐渐展开时，艾森豪威尔放宽了要求，授权巴顿指挥新成立的第三集团军，但这位暴躁的将军再次引起争议，导致他差点失去职位。起因是在英国纳茨福德的一个俱乐部里，他在演讲中宣称："既然英国人和美国人，当然还有苏联人，注定要统治世界，那么我们对彼此越了解，就会做得越好。"

巴顿并不知道的是，当时有一位记者在场，当消息传到通讯社时，人们开始相信巴顿真的认为英美（许多报道忽略了苏联）有一天会统治全球。随着第二次丑闻的曝光，艾森豪威尔怒不可遏："我真是受够了。如果我必须再一次为乔治道歉，我将不得不让他走，尽管他很有价值。"然而，艾森豪威尔对他这位朋友才能的欣赏再一次显露出来，他承担起了让巴顿继续担任第三集团军指挥官的责任。这是一个明智的举动。巴顿即将在法国取得一系列压倒性的胜利，以证明他的价值。

事实上，诺曼底登陆作战是巴顿职业生涯的至高荣耀。他的装甲部队直到8月1日才开始行动，几乎是在作战日之后的两个月。但在该月底，他们已经占领了马耶里、拉瓦尔、勒芒、兰斯和沙隆。就像战争刚开始时的德国人一样，巴顿赞赏闪电战的威力，他闪电般的快速进攻虽然常常混乱不堪，却体现了他作为一名将军冷酷无情和永不停息的要求。根据著名军事历史学家约翰·基冈的说法，第三集团军的突破是第一次也是最后一次西方军队在战争中使用闪电战。

为了与闪电战的理念保持一致，巴顿认为他的装甲部队不应仅致力于对敌军防线进行彻底

▲ 1945年2月20日，巴顿拜访了第1303工兵团，他们完成了跨越绍尔河连接卢森堡和德国的桥梁的建造任务

的渗透，还应尽可能地包围并摧毁任何在突破点以外的敌军。法莱斯包围战为这一策略提供了机会，眼下正在进军的英国和美国军队正对两支德国军队形成合围之势。

法莱斯包围战是西方历史上规模最大的一场装甲战，德军在诺曼底的防御也在此役后陷入瘫痪。曾经强大的德国B集团军群四分五裂，通往巴黎的道路被打开了。但布雷德利的犹豫不决让大批德国军队得以逃脱（人数在2万到4万之间），幸好巴顿的第三集团军可以自由地向前推进，直到因后勤问题导致燃料耗尽才停止。9月25日，巴顿已抵达梅茨以北的摩泽尔河。"千年帝国，"阿特金森写道，"正处于垂死挣扎之中。"

然而，德国还没有完全投降。艾森豪威尔坚持要求盟军在广阔的前线上继续推进，给德国最后一击，北方的英军和南方的德军并行不让，这又一次激起了巴顿的挫败感。这一决定延缓了第三集团军的进攻，让德国有时间加强防御，组织发动一次大规模的反攻。1944年12月，德军突袭阿登森林，包围了在比利时巴斯托涅的美军第101空降师。

艾森豪威尔认识到了速度的重要性，命令第三集团军为第101空降师解围，巴顿迅速调整了兵力。多亏奥斯卡·科赫上校收集的情报，巴顿料到德国人会采取这样的行动，他在后来被称为"阿登战役"中的功绩成为军事传说。巴顿彻底击溃了德军的攻势，并于1945年1月底抵达德国边境。他以耀眼的统帅姿态拿下了特里尔和萨尔，在不到两周的时间里，他在绕到德军后方之前，迫使12个师团越过了摩泽尔河。当他们

▲ 第二次世界大战中巴顿的第一次战斗是在北非战场。在卡塞林山口战役失败后，他接管了第二集团军

▲ 巴顿（左）与盟军最高指挥官艾森豪威尔

加入第七集团军横扫普法尔茨时，第三集团军已经俘获了10万名俘虏，并击溃了另外两支德国军队。

巴顿希望继续向柏林推进，但艾森豪威尔阻止了他。盟军最高司令部不想破坏雅尔塔协议的条款，该协议确保苏联人会取得胜利。然而，几乎无人能否认巴顿在欧洲的成功。到1945年5月8日德国投降时，他的第三集团军已经占领了超过8万平方英里的土地，并在9个月内造成了超过100万人的伤亡。战争的代价是高昂的，但巴顿赢得了荣誉。

随着欧洲战场落下帷幕，巴顿又积极参与

由于被剥夺了进一步获得军事荣誉的机会，巴顿似乎非常怨愤。

人生经历

参加奥运会
在1912年斯德哥尔摩奥运会上，他成为第一个参加现代五项运动的军人，获得第五名，是所有非瑞典人中获得的最高名次。
1912年夏

启航参加第一次世界大战
巴顿是潘兴先遣队的一员，在美国加入第一次世界大战时，先遣队前往欧洲。在法国，他组织开办了第一所美国装甲兵学校。
1917年5月28日

圣米耶勒战役
他在这个国家有史以来参加的第一次坦克大战中担任指挥。巴顿不顾必须保持无线电联络的命令，亲自率领坦克部队投入到圣米耶勒的战役中。
1918年9月12日

陆军参谋学院毕业
巴顿以"优秀毕业生"的身份完成了陆军参谋学院的学业。他的研究论文被转交陆军部，并附了一张纸条，上面写着这是一篇"杰出的论文"。
1932年6月

乔治·史密斯·巴顿出生
他出生在加利福尼亚州圣加布里埃尔，父亲是老乔治·史密斯·巴顿，母亲是露丝·威尔逊。巴顿有一个妹妹，名叫安妮。
1885年11月11日

西点军校毕业
巴顿在西点军校103名学员中排名第46位，毕业后被任命为伊利诺伊州谢里丹堡陆军第十五骑兵团少尉。
1909年6月11日

远征墨西哥
这次讨伐是为了报复潘乔·维拉对新墨西哥州哥伦布镇的袭击。约翰·潘兴准将率领远征队，任命巴顿为其副官，他对巴顿的作战技巧印象深刻。巴顿在与胡里奥·卡德纳斯的枪战中获胜，卡德纳斯的马刺成为他的纪念品。令人发指的是，在返程时美国人把卡德纳斯和另外两个死去的维拉帮人一起绑在了他们汽车的引擎盖上。这场冲突因美国首次在战斗中使用机械运输工具而闻名，这也是巴顿的成名之战。
1916年3月

马斯-阿贡纳战役
第一次世界大战期间，巴顿亲自率领坦克进入战场，为美国人赢得了这场重要的胜利。他在战斗中受伤，在一个弹坑里躺了几个小时，最后被转移。
1918年9月26日

接受第一个命令
巴顿被提升为上校，在得克萨斯的克拉克堡指挥第五骑兵团，之后被派往迈尔堡担任第三骑兵团指挥官。
1938年7月24日

到太平洋战场中。这次他被任命为巴伐利亚州的军事长官,然而,这是一个并不适合他的政治职位。他不愿实施艾森豪威尔的反纳粹计划,这进一步激怒了艾森豪威尔。随着集中营的解放,他亲眼看到了德意志帝国的暴行,但他认为,利用纳粹当管理者可以更好地利用他们。

由于被剥夺了进一步获得军事荣誉的机会,巴顿似乎非常怨愤。根据阿特金森的说法:"他展现出一个人正在变得古怪的迹象"。1945年10月2日,他被免除第三集团军司令的职务,并被解除军事长官职务。为了避免当众受辱,他被授予名义上的第十五集团军指挥权。

1945年12月,在即将离开德国前不久,巴顿的汽车与一辆卡车相撞。虽然没有其他人受伤,但坐在后排的巴顿却被撞得冲向了前方,摔断了脖子。许多人认为这是一个阴谋,目的是让艾森豪威尔摆脱他那狂暴的将军,但证据不足。

巴顿在海德堡的医院里躺了11天,当忍受着最后的病痛,挣扎着避免抑郁和死亡时,他已

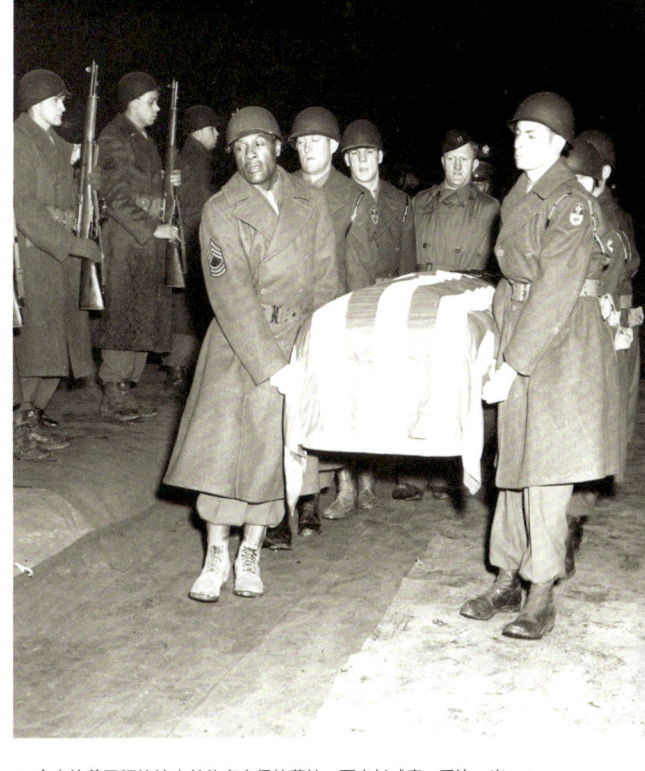

▲ 众人抬着巴顿的棺木前往卢森堡的墓地。军士长威廉·乔治·米克斯(左前)是巴顿长期的私人助理

经无法动弹。正当他的状况趋于稳定时,病情突然开始恶化,1945年12月21日,这位老兵与世长辞了。尽管巴顿古怪而固执,但他仍是一位伟大的战士,正如他的一位医生所写:"他虽死犹生,英勇无畏。"

占领西西里岛墨西拿

尽管巴顿被任命为英国蒙哥马利将军的副手,但他还是顺时针绕行西西里岛,并于7月22日占领了巴勒莫。接着,他迅速占领了通往意大利腹地的重要城市墨西拿,并于8月16日超过了蒙哥马利。这一行动在1970年上映的著名传记电影《巴顿将军》中得到了很好的诠释。巴顿在西西里岛的战役仅用了38天,却俘房了4.4万名轴心国军人。在西西里岛,他扇了两名士兵的耳光,消息在11月传开,差点毁了他的事业。

1943年8月16日

阿登战役

巴顿在西欧战场横冲直撞时最得意的一件事是受命解救美军第101空降师,这支空降师是在德军大举反攻横扫白雪皑皑的阿登地区后被困在比利时的。在预料到这一行动后,巴顿迅速动员第三集团军穿过阿登山脉,驱车100英里,率领17个师团进攻德军侧翼。此举削弱了德军的态势,让巴顿得以攻击德国的心脏地带,但是艾森豪威尔想要维护在雅尔塔会议上签署的协议,阻止他进攻柏林。

1944年12月16日

登陆摩洛哥

作为"火炬行动"中美国西部特遣部队的指挥官,巴顿在大西洋海岸登陆,几天之内就从维希法国人手中夺回了卡萨布兰卡。

1942年11月8日

刚毅行动

由于德国最高指挥部对巴顿的畏惧超过了其他所有人,他在一次疑兵之计中被塑造成一位了不起的人物,巴顿幽灵军团促使希特勒在加莱附近集结防御力量。

1944年春

指挥第三集团军

巴顿运用闪击战洞穿了德军的防御工事,并在敌人后方加速推进。由于供应短缺,他行动迟缓,但直到11月在南希和梅茨击溃德军防线,他才停止行动。

1944年8月1日

巴顿率领他的部队跨过莱茵河

巴顿模仿他的军事偶像之一诺曼王朝征服者威廉,双脚踏上德国的领土,弯腰拾起一把泥土。

1945年3月22日

巴顿去世

经过与病痛的一番挣扎之后,巴顿在海德堡第130号军医院去世。他的遗体被安葬在克朗伯格城堡。

1945年12月21日

蒙哥马利在北非战场的经典形象——头戴黑色贝雷帽,手持双筒望远镜

伯纳德·蒙哥马利

他在组织方面的天赋帮助盟军扭转了第二次世界大战的局势，但他的性格并没有为他赢得多少朋友。

对英国人来说，伯纳德·蒙哥马利是一位战争英雄。对美国人来说，他是一个被高估的指挥官，由于他的自负，几乎没有人能与他共事。

他的职业生涯中有很多被广泛认可的方面——他那作为激励者和组织者的才华，他坚韧的天性以及他擅长规划的天赋。与此同时，还有一些争论至今似乎仍没有结果——他是不是太谨慎了？他是否为了掩盖事实而篡改了历史记录？他担任集团军司令一职是不是力不从心？

他对一些严重的失败行动负有责任，包括灾难性的"市场花园行动"，但同时在战争中也取得过一些很伟大的胜利，如阿拉曼的胜利和诺曼底登陆。在面对这样一个复杂的人物时，争论可能会是无休止的。当被问及谁是历史上最伟大的三位军事指挥官时，蒙哥马利回答说："另外两位是亚历山大大帝和拿破仑。"不管蒙哥马利缺乏什么品质，他唯独不缺少自信。

蒙哥马利出生于1887年，父亲是爱尔兰阿尔斯特-苏格兰教会的牧师。由于母亲的专横跋扈，蒙哥马利的童年很不幸。他曾就读于伦敦的圣保罗学校，后来就读于桑德赫斯特皇家军事学院，在那里他曾因向另一名学员放火而被降级。他在第一次世界大战中受了重伤，同时第一次学会了如何在战斗中安排大量人员。"战争的全部

▲ 1943年西西里战役期间，蒙哥马利拜访美国将军乔治·巴顿

▲ 蒙哥马利向国王乔治六世汇报在法国战场的进展

艺术,"他认为,"就是以尽可能少的损失来实现你的目的。"

在两次世界大战之间,他为《步兵训练手册》撰稿,并稳步晋升,1938年晋升为少将,指挥第三步兵师。作为英国远征军的一部分,这个师被迅速派往法国,在1940年5月德国进攻法国之前,该师还没有完全在这里站稳脚跟。然而,蒙哥马利从不愿意无所事事,他利用这段时间训练他手下的士兵,显示出了他的组织才能。当英国远征军撤退到敦刻尔克时,蒙哥马利率领的师团是英国方阵中纪律最严明的。蒙哥马利从未对这支部队失去过信心——在四年后的诺曼底登陆战中,这支部队成为第一支登陆剑滩的英国师团。

蒙哥马利很幸运地获得了一次良机,尽管他确信无疑这是命中注定的。威廉·戈特被选为英国驻北非第八集团军的指挥官,当戈特的运输机被击落时,终于让蒙哥马利等来了机会,成为接

> 他最伟大的才能是组织和激励,他展示出了巨大的能量,鼓舞了饱受打击的军队的士气,恢复了他们的信念。

▲ 蒙哥马利和他两只分别名叫希特勒和隆美尔的小狗玩得很开心

替戈特的指挥官。

第八集团军精神萎靡，士气低落，缺乏战斗精神，多次被隆美尔的非洲军团击败。前指挥官克劳德·奥金莱克已经加固了阿拉曼的防御地位，但现在是蒙哥马利在指挥军队。他最伟大的才能是组织和激励，他展示出了巨大的能量，鼓舞了饱受打击的军队的士气，恢复了他们的信念。

对于蒙哥马利来说，最重要的是所有的战斗单位都必须能够顺利地协同作战。正是这种对合作的坚持，以及执行合作的能力，使他参与了诺曼底登陆的计划。特别是，他坚信地面部队需要空中力量的支持。这对刚刚抵达的美国部队来说是一个陌生的概念，因为在他们那里，不同军种之间的竞争是常态。他把自己的想法写成一本小册子《战争中最高指挥官的一些注意事项》，后来被人们非正式地称为《蒙哥马利福音》。这位英军的指挥官认为，地面和空中部队应该"在同一个总部完全和谐地工作，相互理解，相互信任"。

当然，组织只是指挥官工作的一部分，蒙哥马利需要领导他重整旗鼓的部队在战斗中实践。这一过程始于阿拉姆·哈尔法，在那里他预料到了隆美尔的进攻，并准备了防御工事来对付他。成功击退德军后，蒙哥马利开始准备发动自己的大规模反攻。

在这里蒙哥马利谨慎的特点开始显现，因为他总是伺机等待，直到确信自己具备绝对的优势之后才采取行动。一些批评人士认为，他应该在把隆美尔从阿拉姆·哈尔法赶回去后立即向前推进，但这位英国将军并不急于进攻。他一直等到拥有了20万士兵和1030辆坦克时才准备对付隆美尔的10万人和500辆坦克。1942年10月23日，第二次阿拉曼战役打响。

蒙哥马利计划分三个阶段："突进"、"混战"和"突围"，他的准备工作非常严格，甚至预测

▲ 战争结束后，在蒙哥马利写的回忆录中，艾森豪威尔将军发现自己在他的笔下被刻画得非常极端

了战斗的持续时间。11月11日，德国人遭遇了决定性的失败。

隆美尔自己评论道："当蒙哥马利接管指挥作战后，沙漠上的战争不再是一场游戏。"德国指挥官当然不是在开玩笑。他错过了阿拉曼战役的初始阶段，暂时住在德国的医院里，进军的步伐受到阻碍。1943年3月，德军在梅德宁的反攻被挫败，北非战役在美军的帮助下圆满结束，美军在"火炬行动"登陆后，在战场上登台亮相了。

北非战役的重要性经常被忽视，但它给了美国人宝贵的经验，证明了他们还没有准备好进攻法国。在这种情况下，意大利成为盟军的下一个目标，蒙哥马利负责制订入侵西西里的计划。包括德怀特·艾森豪威尔在内的美国将军们开始对蒙哥马利的粗暴手段感到恼火，这为后面一场持续了数十年的争论埋下了伏笔。

在向意大利进发的过程中，蒙哥马利对他所看到的盟军缺乏凝聚力的情况感到失望。他把

遥远的桥

蒙哥马利加速战争结束的计划是大胆的，同时也存在缺陷。

"市场花园行动"实际上是蒙哥马利策划的两项行动，目的是通过集中力量在狭窄的战线上向德国挺进。理论是合理的，想法是大胆的，但成功的可能性是非常小的。这注定会是一个让蒙哥马利失望的计划。

"市场花园行动"意图通过夺取一系列关键桥梁，帮助盟军越过莱茵河进入德国。美国和英国空降部队负责夺取这些桥梁，包括著名的位于阿纳姆的"遥远的桥"，然后占领它们，直到"市场花园行动"开始。这是一支庞大的装甲部队，沿着一条单向双车道公路前进。

盟军忽视了德国在该地区的防御工事（包括航拍照片），该计划于9月17日启动，动用了4700架飞机。英军和美军本以为只会遇到士气低落的预备役部队，结果却遭遇了德军的装甲部队。空降任务取得了部分成功，但部队发现他们无法保住自己的桥梁，装甲纵队陷入了被称为"地狱之路"的困境。

这次行动从一开始就有缺陷（它实际上是由后方开始向前行动的，如果装甲部队在空降行动之前就开始行动，可能会取得更好的进展），但蒙哥马利一如既往地固执，对批评的声音充耳不闻。尽管他一反常态地承认自己在行动中犯了一个错误，但他坚称该计划"90%成功"。

▲ 英军第1空降师的伞兵正在前往位于阿纳姆桥的路上

这次战役描述为"混乱不堪",他带着另一项任务——1944年诺曼底登陆计划——回到欧洲时,才松了一口气。

整个进攻计划的指挥权交给了艾森豪威尔,但指挥盟军所有地面部队的却是蒙哥马利。他再一次发现,目前的计划不能令人满意。

1942年8月,加拿大人对迪耶普的突袭失败,加拿大第二步兵师有3300多名士兵在袭击中被杀、受伤或被俘,这给盟军提供了宝贵的经验,知道了从海上登陆的难度,他们吸取了教训。最重要的是,登陆部队需要大规模的火力支援。蒙哥马利研究了一年前就已经制订的诺曼底登陆计划后,立即要求增加兵力。最终确定使用五个师的兵力(两个英国师、两个美国师和一个加拿大师)发动这场登陆作战。

尽管蒙哥马利和美国的将军们之间关系紧张,但大家对他最擅长的领域都非常认可。"没

性格,还表现得十分自负。由于德国的防御力量超出预期,英加联军发起了多次进攻,仍未能拿下卡昂。艾森豪威尔也许是出于好心,认为蒙哥马利具有灵活性,能够根据不断变化的战况调整自己的计划,但这位英军指挥官坚称,必须严格执行他的计划。他声称:"所有关于改变我们战略的想法都是完全错误的。"他自负的态度让他坚持认为他的计划不需要做任何修改。

蒙哥马利的行为有些过激了。他攻击艾森豪威尔,声称这位美国将军一开始就不理解他的计划。蒙哥马利在1958年出版的回忆录中也是这样记录的。他后来得意地说,身为美国总统的这位美国将军"认为自己在历史上作为'战争统帅'的地位是稳固的。在我的书中推翻了这一点"。

其他将军表达了不同的观点,尤其是奥马尔·布雷德利,他评价蒙哥马利说:"他是我见

蒙哥马利盟军陆军司令的地位受到了威胁,如果不是艾森豪威尔的干预,他可能早就被解除职务了。

有其他人能让我们越过英吉利海峡到达诺曼底。"艾森豪威尔说。

然而,从1944年以后,对于蒙哥马利是否适合参与下一阶段的战斗,大家的意见一直存在分歧。在诺曼底站稳脚跟后,盟军面临着突破德国人的防线并将其击退的压力。英国和加拿大师在东部的目标是占领卡昂,然后转移其注意力,通过吸引该地区最强大的德国驻军编队,使美国师从西部寻找突破口。

行动究竟能在多大程度上转移德军注意力引起了激烈的争论,蒙哥马利不仅显露了他固执的

过的最宽容、最明智的指挥官。他从未向我们下达过武断的指令,也从未否决过我们制订的任何计划。"布雷德利承认,他一直认为英国和加拿大的角色只是一个诱饵,尽管他仍然希望他们能拿下卡昂,以此吸引更多的德国守军。

随着德国军队从法国撤出,蒙哥马利在处理所谓的"法莱斯口袋包围战"问题上引发了更多争议。蒙哥马利打破卡昂僵局的最新尝试——古德伍德大作战——失败了,但美国人在西部找到了"眼镜蛇行动"的牵制点。在很短的一段时间内,随着美军向北推进,蒙哥马利的军队向南推

▲ 蒙哥马利（在接受苏联勋章时）站在艾森豪威尔和苏联元帅格奥尔基·朱可夫旁边

进,大量德军和装甲部队有可能被困在法莱斯附近。蒙哥马利因为没有用久经沙场的英军去增援缺乏经验的加拿大和波兰军队,也因为没能封住围困德军的口袋而招致批评(尽管仍有大约5万人被俘)。

加拿大军官理查德·罗默暗示说,蒙哥马利故意让德国人逃跑,因为他不想与美国人分享打败德国人的荣耀,有关这次失误的传言就演变成了阴谋论。

此时,蒙哥马利盟军陆军司令的地位受到了威胁,如果不是艾森豪威尔的干预,他可能早就被解除职务了。随着大批美国军队的到来,法国军队的结构发生了变化,他们的最终计划一直是用艾森豪威尔来取代蒙哥马利。尽管蒙哥马利对此颇有微词,但这一计划还是如期实现了。蒙哥马利被提升为陆军元帅,以表彰他所取得的成果,继续指挥着第二十一集团军。

蒙哥马利和其他盟军指挥官之间出现了意见分歧。大多数人都赞成向德国大举进攻,而蒙哥马利却认为,在狭窄的战线上进攻更有意义,可以像匕首一样刺向德国本土,从而破坏整个德国的阵地,迅速结束战争。这一理论有其可取之处,但他为将其付诸实践而制订的"市场花园计划"却无异于一场灾难,它预示着蒙哥马利的战争将以失败告终。

当德军在阿登地区的反攻(即阿登战役)威胁到盟军的计划时,蒙哥马利尽其所能,在混乱状态下恢复秩序。

"美国第一集团军的行动已经发展成一系列的独立行动。"德国将军哈索·冯·曼陀菲尔评论说:"蒙哥马利对恢复战局的贡献在于,他把一系列孤立的行动变成了一场根据明确计划进行的连贯一致的战斗。"这是他最擅长的。

▲ 在阿登战役中接受蒙哥马利指挥的美国第一集团军

▲ 阿拉曼战役中，一辆英国坦克在沙漠中前进

▲ 在美国传奇将军乔治·巴顿和奥马尔·布雷德利的陪伴下，蒙哥马利笑容满面

▲ 战争期间，在蒙哥马利使用的三辆作战拖车之一中，挂着三幅他对手的画像

"一个难对付的人"

蒙哥马利对自己的能力有着非凡的自信，他没有时间去应付怀疑者。

蒙哥马利的传记作者奈杰尔·汉密尔顿写了2600多页关于这位伟大的军人的传记，共分三册。

尽管他受到普通士兵的尊敬，但他的同事和下级军官经常被这个矮小精瘦的人激怒，这个人精力充沛，但有一个让人不愉快的习惯，无论和他说话的人是谁，他都会直勾勾地盯着人看。

蒙哥马利既不抽烟也不喝酒，他热爱体育运动，但这一切都没使他成为那种深受军官们喜爱的同事。他尖锐的嗓音，加上对待别人意见时采取的高压手段，也使他成为一个不被人喜欢的人物。艾森豪威尔，也许和蒙哥马利的对手隆美尔一样，都认为他是"一个难对付的人"。

有些人觉得他喜欢用幼稚的语言（例如，给手下的士兵打气时会说"给德国佬点颜色看看"）令人反感，但他的手下能够欣然接受，并完全相信他：在他的领导下，胜利是绝对可以保证的。

这种自信既是蒙哥马利的长处，也是他的弱点，因为即使对他不利，他也决不会动摇这种自信。例如，诺曼底战役取得了令人振奋的胜利，任何对它的批评都显得不合时宜，而这场关键战役的胜利多亏了蒙哥马利自始至终的坚持。

▲ 蒙哥马利在即将进行重大行动前对士兵进行动员讲话

战争结束后，蒙哥马利在德国指挥英国占领军，并因其战时的贡献而被授予第一代阿拉曼的蒙哥马利子爵头衔。

撇开争议不谈，蒙哥马利正是英国人在经历了几年的失败和挫折之后所需要的人选。他的高辨识度（他在坦克的炮塔上，戴着他的黑色贝雷帽，很容易就被认出来），还有他不屈不挠的乐观精神和充沛的精力，为他赢得了成千上万在他手下服役的士兵的心。他对待普通士兵的方法很简单："告诉他们真相，温暖他们的心，激发他们的想象力。"蒙哥马利对真相的看法有时可能与他人不同，但他无疑温暖了人们的心灵，激发了人们的想象——不仅是他手下的士兵，而且是整个英国。

德怀特·艾森豪威尔晋升为陆军将军,并担任了两届美国总统

德怀特·艾森豪威尔

这位带领西方盟国在第二次世界大战中取得胜利的将军还担任过美国第34任总统。

1944年6月5日黎明前,英国朴茨茅斯北部的绍斯威克大楼,大雨击打着屋顶,狂风呼啸着。一支由15万人连同数千艘船只和飞机组成的军队随时准备发动"霸王行动",在诺曼底进行登陆作战,发起人们期待已久的对希特勒欧洲堡垒的进攻,以期加速第二次世界大战的全面胜利。

盟军的最高指挥部为了这一天制订了多年的计划,做了充足的后勤准备,但是天气条件对行动造成了严重的干扰。"霸王行动"已经推迟了24小时,几乎不可能再推迟了,因为士兵们已经登船,作战舰队已经就位,行动保密的可能性每分每秒都在降低。但是强风和巨浪可能会掀翻登陆艇,将伞兵和支援地面部队的飞机吹离航线。

盟军高级指挥官们于凌晨4点15分在绍斯威克大厦召开了会议,会议的气氛十分紧张。英国皇家空军首席气象学家詹姆斯·斯塔格上校发布的一份天气报告给人们带来了一丝希望:天气条件正在改变,"霸王行动"有可能顺利进行。无论如何,推迟或发起进攻的决定都充满了危险。这一切最终还要取决于一个人的决定,他就是艾森豪威尔将军,盟军远征军的最高指挥官。两年前曾在北非督战"火炬行动"的资深指挥官

▲ 1907年,年轻的艾森豪威尔与朋友们在堪萨斯州阿比林附近的斯莫基山河边露营

将星云集之班

无论是在战争期间还是在和平年代,1915 年毕业于美国西点陆军军官学院的学生是最富传奇色彩的一届。

德怀特·艾森豪威尔1915年从西点军校毕业,学习成绩处于中游,但他后来成为军官队伍中最著名的一员,这届毕业班中有多名学生后来晋升为将军,因此被称为"将星云集之班"。除了艾森豪威尔,164名同学中有58人在他们的职业生涯中获得了准将或更高级别的军衔。

除了艾森豪威尔,奥马尔·布雷德利也获得了五星上将军衔。詹姆斯·范·弗利特和约瑟夫·麦克纳尼晋升为四星上将。弗利特在诺曼底指挥第八步兵团,先后升任师长、军长和陆军司令。1942年,麦克纳尼在陆军部的重组中发挥了重要作用,他曾代表参谋长乔治·C. 马歇尔参加罗伯茨委员会调查日本偷袭珍珠港事件。亨利·奥兰、休伯特·哈蒙、斯塔福德·勒罗伊·欧文、托马斯·B. 拉金、约翰·W. 伦纳德、乔治·E. 斯特拉特梅耶和约瑟夫·斯温这七个人获得了三星中将军衔。他们在"二战"期间担任重要职务。哈蒙被人们誉为科罗拉多州美国空军学院之父。在艾森豪威尔的整个军事和政治生涯中,他很好地发挥了西点军校同学们的才能。

▲ 西点军校 1915 届毕业生在毕业前几天于宾夕法尼亚州葛底斯堡路德教堂台阶上的合影

扫视了整个房间，从他的副手们那里寻求建议。

盟军地面部队指挥官伯纳德·蒙哥马利将军高声喊道："我说，咱们冲吧！"其他人表达了他们的观点和担忧。艾森豪威尔想了一会儿，双手放在背后踱来踱去，转身对着人群宣布："好吧，我们行动！"

几分钟内，消息迅速发出，指挥官们开始发动对诺曼底的进攻。接下来是异常艰难的几个小时，但是成功为西方盟军越过法国进入德意志帝国提供了一个跳板，盟军与苏联红军联合，击败了纳粹政权，结束了第二次世界大战，而就在11个月前，这一戏剧性的计划才刚刚开始。

德怀特·戴维·艾森豪威尔在战斗中从未开过一枪。事实上，对于1890年10月14日出生于得克萨斯州丹尼森的这个小男孩来说，参军似乎不太可能。他的父母是戴维和艾达·斯托弗·艾森豪威尔夫妇，他在七个兄弟中排行第三。后来他们全家搬到了堪萨斯州，德怀特在中西部的牛镇阿比林长大，喜欢踢足球，擅长体育运动。艾森豪威尔家的小伙子们想上大学，德怀特和他的兄弟埃德加达成了协议：一个人在外打工资助另一人在学校学习，之后两人再互换角色。德怀特在贝尔斯普林斯奶牛场工作了两年，埃德加则在密歇根大学读书。在这段时间里，他的一个朋友，"瑞典人"爱德华·哈兹莱特提到了申请安纳波利斯美国海军学院的事。如果能被学校接收的话，教育费用将由政府负担。

德怀特想踢足球，而免费教育是他离开奶牛场的机会。他决定申请入学，并参加了密苏里州杰佛逊军营的入学考试，但他因超龄而不能到安纳波利斯美国海军学院学习。最终于1911年被推荐考入了美国西点军校，在1915年以第61名的成绩在那个拥有164名学员的传奇班级中毕业。第二年，他娶了科罗拉多州丹佛市的社交名

▲ 1916年夏天，德怀特·艾森豪威尔和玛米·艾森豪威尔在他们的婚礼上拍下了这张亲密照片

艾森豪威尔仍然怀疑他的军事生涯在和平时期是否会有更大发展的可能。

媛玛米·杜德为妻。他们有两个儿子，德怀特·杜德·艾奇·艾森豪威尔生于1917年，三岁时不幸死于猩红热；约翰出生于1922年。

第二次世界大战开始时，艾森豪威尔还是一名默默无闻的中校，但在某种程度上，他具备一些宝贵的管理能力。他在第一次世界大战期间并没有参加过战争或在国外服役，对此他深感遗憾。相反，他在美国各地担任了一系列职位，并成为宾夕法尼亚州葛底斯堡的柯尔特军营早期装甲部队的教官。虽然他在第一次世界大战期间获得了暂时的晋升，但战争结束后，他又恢复了上

▲ 这是艾森豪威尔和他家人在阿比林拍摄的全家福，艾森豪威尔站在最左边。他在七个男孩当中排行老三

尉的常任军衔。此后不久，他被提升为少校，并在长达16年的时间里一直担任这一职务。

在两次世界大战之间的那些年里，艾森豪威尔在欧洲、巴拿马运河区、华盛顿特区和菲律宾服役。他的两个上级——福克斯·康纳将军和道格拉斯·麦克阿瑟将军——影响并使他形成了自己的指挥观点。他就读于堪萨斯州利文沃斯堡的指挥与参谋学院，成绩在245名军官中排名第一。然后他指挥了一个驻扎在佐治亚州本宁堡的步兵营。在"退役金大进军"中，老兵为他们在第一次世界大战中所服的兵役寻求报酬，艾森豪威尔提醒麦克阿瑟不要轻易采取暴力手段，但他的上级不但不听他的劝告，反而身着全套军礼服，冒险前往华盛顿特区附近的阿纳卡斯蒂亚公寓，这让他十分生气，在此过程中引发了一场公关灾难。后来，他开始鄙视麦克阿瑟的浮夸和自私的行为。

艾森豪威尔于1939年底从菲律宾返回美国后，在华盛顿路易斯堡指挥第十五步兵团的一个营，然后被派到第三军担任沃尔特·克鲁格将军的参谋长。他曾展示过一张他与克鲁格及其工作人员的合影，但当时他仍然是一个默默无闻的人，以至于他被误认为是"德怀特·戴维·埃尔森彼英中校"。

1941年，路易斯安那州大范围的军事演习结束后，艾森豪威尔在军队服役26年后晋升为准将。

尽管后来升到了将军军衔，艾森豪威尔仍然怀疑他的军事生涯在和平时期是否会有更大发展的可能。不过，他已经学会了控制自己的火爆脾气，他的和蔼可亲无人能及，只要高兴就会露出最温暖的笑容。他在服役期间结交了许多朋友。美国卷入第二次世界大战之后，陆军参谋长马歇尔将军正在对陆军部进行改组。马歇尔向陆军中另一位后起之秀马克·克拉克将军询问了他认为哪些人最有可能成为领导新战争计划部门的十位候选。克拉克1917年毕业于西点军校，是艾森豪威尔的老朋友。

克拉克回应马歇尔问题的答案为艾森豪威尔的事业带来了转机。"艾克·艾森豪威尔。如果你要我提供十个名字的话，我只能写下十个相同的名字。"

艾森豪威尔再次被召唤至华盛顿特区，迅速成为马歇尔信任的核心成员之一，在第二次世界大战初期的黑暗时期负责制定美国的军事战略。艾森豪威尔对太平洋局势进行的初步评估立即得到了马歇尔的肯定和赞同。1942年春，他奉命前往英国，评估盟军最终返回欧洲大陆的准备工作。他带着一份坦率但有些出言不逊的报告回来，却发现自己成为这一计划的掌舵者。不出一个月，他就以中将军衔回到伦敦，担任欧洲战区司令。

艾森豪威尔担任美军欧洲战区司令的任职日期是1942年6月25日。不到一年前，他还是个无名小卒。在他被任命的那天吃晚餐时，艾森豪威尔告诉玛米他将返回伦敦，而且这次可能是在战争期间。她问道："你会担任什么职务呢？"他咧嘴一笑，回答道："我要指挥一切。"

艾森豪威尔在第二次世界大战中指挥美国军队首次突袭纳粹国防军，担任盟军在地中海的指挥官。1942年11月8日，盟军在"火炬行动"中登陆北非海岸。美国人在与德国人的早期战斗中遭受了巨大的损失。然而，尽管他们与英国盟友存在一些竞争，而且英国盟友最初怀疑过美国人的战斗力，但他们很快就掌握了主动权。在北非，艾森豪威尔第一次尝到了联合战争的滋味，

▲ 在美国军事学院读一年级时，艾森豪威尔穿着军校学员制服的照片

▲ 这张照片是艾森豪威尔在1918年拍摄的，当时他希望在第一次世界大战期间被派往海外

◀ 美国第 101 空降师的伞兵在作战日出发前，艾森豪威尔将军与他们进行了交谈

他后来成为这门艺术的大师。

在"火炬行动"实施六个月后，从西部推进的美国和英国军队遇到了来自东部的蒙哥马利将军的第八军，两军东西夹击，将德国的非洲装甲部队困在了突尼斯的沙漠之中。盟军在北非的胜利对德国人来说是一场灾难，也是对他们军事力量的重大打击。艾森豪威尔不仅磨炼了指挥技能，还在战场上做出了艰难的决定，这都有赖于他在西点军校的同学奥马尔·布雷德利将军和他早期的老朋友小乔治·巴顿将军。

1943 年 7 月，盟军继续在地中海发起"赫斯基行动"，进攻西西里岛。艾森豪威尔被提升为战区所有盟军的指挥官，包括英国第八军。在岛上的战斗开始之前，巴顿和蒙哥马利那高高在上的自尊心就已经发生了冲突。艾森豪威尔经常努力让他们保持对敌人的关注，而不是在报纸头条和名声上彼此拼个高低。巴顿曾在两次事件中大发脾气，尤其是访问西西里野战医院时掌掴士兵，这些事情让艾森豪威尔勃然大怒。然而，他不能抹杀这位将军为战争做出的贡献，虽然巴顿被边缘化，但他后来在欧洲战场中又重新被重用。

艾森豪威尔给他的老朋友巴顿写了一封简短的信，信中写道："我清楚地知道，为了达到预期的目标，有时必须采取坚定而严厉的措施。但这不能成为残忍、虐待病人或在下属面前大发脾气的借口。我不得不怀疑你是否具有正常的判断力和自控力，以至于我对你未来发挥的作用产生了严重的怀疑。"

西西里岛被占领后，1943 年 9 月 3 日，盟军进攻意大利。"雪崩计划"标志着一场漫长而艰苦的战役的开始，由克拉克率领的第五军在萨莱诺登陆，而蒙哥马利和英国军队在塔兰托和卡拉布里亚登陆，他们几乎被敌人强大而坚决的抵抗逼入大海。

与此同时，美国总统富兰克林·D. 罗斯福也在为谁将领导盟军重返欧洲大陆而绞尽脑汁。他知道马歇尔将军想要这个职位，但他需要马歇尔前往华盛顿特区。这使得艾森豪威尔成为当时的合适人选。1943 年 12 月，艾森豪威尔被告知将担任盟军远征军的最高指挥官。尽管在诺曼底登陆日盟军在"黄金""朱诺""剑""犹他"和诺曼底的"奥马哈"海滩登陆时出现了一些令人焦虑的状况，但他们还是建立了一个立足点，艾森豪威尔随后面临着穿越法国进入德国的艰巨任务。

诺曼底战役是一场血腥的战役，美国、英国、加拿大和法国的军队与顽强的德国守军激战。被灌木树篱围绕的小小村庄，即波卡基村，是一个巨大的挑战。这些古老的土丘、草皮，甚至大树都是田地的边界，德国人全力保卫着每一条乡间小路和每一个角落。虽然蒙哥马利未能在作战日占领至关重要的通信和运输中心卡昂，但他还是吸引了大批德国军队和坦克，并在1944年7月25日通过"眼镜蛇行动"帮助布雷德利突围。对德国前线的部分地区进行轰炸后，接着就是冲过轰炸后形成的缺口。在巴顿的指挥下，美国第三集团军在法国各地展开了一系列的冲锋。巴顿和蒙哥马利继续冲突不断，当燃料储备不得不被向北转移给他的对手时，巴顿非常恼火，这也阻碍了战争的进展。在法莱斯战役中，尽管成千上万的德国敌军被杀或被俘，但盟军的进攻未能及时完成合围并达到完全歼灭的目的。

在拿下卡昂及其周边地区之后，蒙哥马利也向德国边境的天然屏障莱茵河前进。在整个欧洲战役中，艾森豪威尔实施了广泛的前线战略，同时在多个地点向敌人施压。1944年9月，在蒙哥马利的敦促和计划下，艾森豪威尔发动了"市场花园行动"，这是一项空中和地面的联合行动，穿越莱茵河畔进入荷兰，旨在占领德国工业中心鲁尔，以期在圣诞节前结束战争。"市场花园行动"是一个勇敢的尝试，但以失败和英国第一空降师在阿纳姆的覆没告终。

1944年冬天，盟军对纳粹德国发起了另一个严峻的挑战。盟军漫长的战线沿法国、德国、卢森堡排开，此时阿道夫·希特勒在西部进行了

艾森豪威尔决定允许红军攻占德国首都柏林。

最后一次孤注一掷的赌博——一支重型装甲部队穿过阿登森林中人迹罕至的美军防线，最终跨过默兹河，占领了比利时安特卫普的重要深水港。盟军将会被分割，他们的补给线将会瘫痪。12月中旬风暴来临并引发了阿登战役，一开始盟军一直处于危险之中，直到巴顿的第三集团军向北展开了一场精彩的攻势，突出部两侧的局势才稳定

▲ 艾森豪威尔在马里兰州米德营训练时，站在法国制造的雷诺坦克前

▲ 在讨论诺曼底登陆时，英国将军伯纳德·蒙哥马利随艾森豪威尔的手势望去

▲ 在这张摄于20世纪50年代末的照片中，美国陆军将军德怀特·艾森豪威尔露出了他标志性的笑容

下来，并解救了被包围在比利时巴斯托涅村十字路口的驻军。与此同时，蒙哥马利临时指挥美军向突出部以北进攻。艾森豪威尔于20日升任陆军将军，到了1月，威胁解除了。在阿登战役之后，有许多关于战前准备和战时反应的批评，但是这些声音很快就被随后的胜利洪流冲淡了。

1945年春，盟军跨过莱茵河，深入德国腹地。4月，美苏两军在易北河上的托尔高会合，第三帝国被一分为二。欧洲战场即将结束的最后几天，艾森豪威尔决定允许红军攻占德国首都柏林。尽管下属们对这个决定感到恼火，但通过与布雷德利的交谈，他确信自己的策略是正确的。事实上，在战后德国被分区占领期间，西方盟国在柏林得到了自己的占领区。随着1945年5月在欧洲的胜利，艾森豪威尔被奉为英雄。历史学家一致认为，几乎没有人能像艾森豪威尔那样维持盟军之间脆弱的关系，并成功地发动了一场更有效的大规模军事行动。

艾森豪威尔曾担任美国在德国占领地区的军事长官，在纽约举行的阅兵式上受到赞扬，并接替马歇尔担任陆军参谋长。伴随声望的大幅提升，共和党和民主党都寻求他的加入，并在1948年支持他竞选美国总统。然而，他拒绝了，说他的一生都只是一名军人。他接受了哥伦比亚大学的校长职位，还担任国防部长詹姆斯·福雷斯特尔的顾问，积极参与参谋长联席会议的形成，然后担任北约组织（北大西洋公约组织）的第一位最高军事指挥官。

1951年，共和党成功说服艾森豪威尔竞选总统。1953年至1961年，"我喜欢艾克（I Like Ike）"成为人们熟悉的口号。在他的总统任期内，艾森豪威尔奉行适度保守的政策路线。1953年7月，他致力于停止在朝鲜半岛的敌对行动，但他支持法国在越南继续实施殖民统治，

在非洲战场上的失望经历

在一次沙漠战溃败之后,艾森豪威尔将军希望他的一位朋友能成为战场指挥官,但这位朋友的回应使他感到失望。

1943年2月,在卡塞林山口,在传奇将军埃尔温·隆美尔的指挥下,美国陆军第二集团军在与德国人的战斗中遭到重创,此后不久,艾森豪威尔将军撤换了指挥官劳埃德·弗雷德尔将军。按照艾森豪威尔的设想,希望他精心挑选的、陪伴他前往英国和北非的可信赖的朋友克拉克能够接过作战指挥权。

然而,克拉克却出乎艾森豪威尔的意料,拒绝了他的要求,他认为这是对他战区副指挥官的降职。艾森豪威尔从未忘记他当时的失望,因为克拉克似乎更关心自己的前途,而不是眼前的任务。在他生命的最后几天里,艾森豪威尔在沃尔特·里德陆军医院卧床不起,他多次同克拉克聊天,克拉克记得他的指挥官最喜欢谈论的话题是他们在西点军校的日子。也许这是因为北非的事件是一个太过痛苦的记忆。克拉克在意大利战役中又一次选择了名利,当时他放弃了擒获数千名德国士兵,选择了占领罗马。

在克拉克拒绝指挥第二集团军后,艾森豪威尔转向另一位老朋友小乔治·巴顿,后者接受了这个任务,并成为传奇人物。

▲ 马克·克拉克将军(左)和德怀特·艾森豪威尔将军仍然是朋友,尽管克拉克拒绝在北非指挥作战

并在冷战初期担任首席执行官。那时,苏联与美国的关系经常处于剑拔弩张的状态。艾森豪威尔政府经历过的最大一次挑战是1960年的U-2事件,当时苏联击落了一架美国侦查飞机,艾森豪威尔否认在苏联领土上有过这样的飞行行动。当赫鲁晓夫展示飞机残骸,美国飞行员弗朗西斯·加里·鲍尔斯在一次带有作秀性质的审判中被判犯有间谍罪时,艾森豪威尔在世界舞台上颜面尽失。

尽管有人批评他对民权运动缺乏热情,艾森

▲ 这是一张在闲暇时，乔治·S.巴顿将军坐在艾森豪威尔右边的照片

豪威尔还是签署了1957年的《民权法案》，并派遣联邦军队保障阿肯色州小石城中心中学的黑人学生入校，这是种族关系的分水岭。

在他一生的大部分时间里，艾森豪威尔是个烟瘾很大的人，20世纪50年代和60年代，心脏病复发使他的健康状况不断恶化。1957年，他患了轻微的中风，多年来他一直在应对肠道问题，接受了多次外科手术。他的政治生涯一结束，就隐退到1950年他和玛米在葛底斯堡买的房子里，但几乎没有空闲时间。他开始画画，并

人物生平

出生于美国中部地区
德怀特·艾森豪威尔是戴维和艾达·斯托弗·艾森豪威尔夫妇所生的七个儿子中的老三，出生在得克萨斯州的小镇丹尼森。两年后，这家人搬到了堪萨斯州的阿比林，在那里，他喜欢美国西部的故事，擅长体育运动，是一个有着虔诚基督教信仰的大家庭中的一员。他的余生一直致力于捍卫弱者的权利，同时他还很喜欢户外活动。1909年，他从阿比林高中毕业，与父亲和叔叔一起在贝尔斯普林斯奶牛场工作。
1890年10月14日

进入军事学院
艾森豪威尔在学院入学考试中表现优异，但由于年龄太大而不能被安纳波利斯美国海军学院录取。他后来考入了美国西点军校。
1911年1月

接受委任
艾森豪威尔毕业于西点军校，成绩排名第61位，大约是164名军校学员的中游，毕业后被任命为陆军少尉。他随后的职业生涯持续了五十年。
1915年6月12日

同玛米结婚
艾森豪威尔少尉娶了玛米·杜德，一个丹佛富商的女儿。两人在艾森豪威尔驻扎在得克萨斯州圣安东尼奥的杜德温特之家附近时相识。
1916年7月1日

艾奇出生
虽然艾森豪威尔对第一次世界大战期间到海外服役的请求被拒绝感到失望，但儿子艾奇的出生却鼓舞了他。不幸的是，这个孩子三岁时死于猩红热。
1917年9月24日

横贯大陆的护航队
艾森豪威尔作为美国陆军人员从华盛顿特区驱车3000英里前往加州奥克兰，以评估军事运输能力。
1919年7月7日

▲ 1953年1月，艾森豪威尔宣誓就任美国第34任总统。这位将军曾连任两届美国总统

一直热衷于打高尔夫球。

1969年3月28日，艾森豪威尔因充血性心力衰竭在沃尔特·里德陆军医院的一间套房中去世，享年78岁，作为20世纪备受尊敬的美国军官而被铭记。

▲ 坐在中间的欧洲盟军最高指挥官艾森豪威尔正在和他的直接下属指挥官制订作战日计划

指挥欧洲
被任命为驻欧洲美军司令的艾森豪威尔准备了美军第一次参与的进攻行动。但这次军事部署的目标是北非，而不是西欧。
1942年6月25日

火炬行动
艾森豪威尔在"火炬行动"中指挥盟军登陆非洲海岸，最终击败了德国和意大利在非洲大陆的敌人。
1942年11月8日

最高统帅
被任命为欧洲盟军最高指挥官的艾森豪威尔和他的副手们承担了一项艰巨的任务，即为作战之日准备好战斗人员和武器。
1943年12月

宣告胜利
在法国兰斯的一所学校举行仪式后，艾森豪威尔发表了一份公报，宣布欧洲联合远征军的任务已经完成，结束了第二次世界大战欧洲战区的战事。
1945年5月8日

北约总司令
战后，艾森豪威尔被任命为北约盟军总司令，还担任哥伦比亚大学校长，同时参与参谋长联席会议工作。
1950年12月

去世
住院一个月后，艾森豪威尔死于充血性心力衰竭。他的遗体被运到美国国会大厦供人哀悼，之后安葬于堪萨斯州的艾森豪威尔总统图书馆和少年之家。
1969年3月28日

麦克阿瑟的统治
艾森豪威尔在道格拉斯·麦克阿瑟将军手下工作四年后，从菲律宾返回美国。他在组织管理和如何与达官显贵相处方面学到了很多，但他对麦克阿瑟不再抱有幻想，并一再要求调任。尽管他们的关系冷若寒冰，麦克阿瑟还是为他的前助手写了一封热情洋溢的推荐信。第二次世界大战前，艾森豪威尔在美国军队中担任过许多职位，1941年路易斯安那州的军事演习后，他的行政能力得到了认可。尽管他取得了成功，但在战争阴云密布之际，他仍是第三集团军的中校。
1939年12月

霸王行动
艾森豪威尔指挥盟军的海陆空三军突袭了希特勒的欧洲堡垒，并开始了在欧洲大陆的战役，最后以击败纳粹告终。
1944年6月6日

登上总统宝座
共和党人艾森豪威尔以442票对89票的压倒性优势击败民主党挑战者阿德莱·史蒂文森，成为美国第34任总统。四年后，他成功连任，再次以大比分优势击败史蒂文森。1961年1月，他结束了八年的总统任期，但仍继续为后来的总统约翰·F. 肯尼迪和林登·B. 约翰逊总统提供建议。他被认为是美国历史上最成功的总统之一，尽管他面临着国际上的诸多挑战，以及国内民权运动中日益增多的问题。
1952年11月4日

▲ 朱可夫胸前挂满了勋章,在柏林观看胜利游行

格奥尔基·朱可夫

他是苏联历史上最伟大的将军之一,但并非所有挑战都来自战场。

在苏联伟大将军的名单上,没有人的名字比格奥尔基·朱可夫更为突出,但是对于他职业生涯的评价却呈现出多面性。他是在哈拉哈河战役中击溃日本军队的人;是守护莫斯科、列宁格勒和斯大林格勒的人;是领导苏军对纳粹启动反击,并在战争的最后几日直捣柏林的人。

他的另一面则是冷漠、粗俗且自私自利的将军,他牺牲别人的利益,夸大自己在战争中的成果,甚至还策划了政变。

官方在不同时期塑造了两种不同版本的朱可夫形象,这与朱可夫政治地位的涨落有关。如果说,朱可夫的职业生涯拥有犹如股票般起伏的走势,这其中的原因主要是苏联政府。

今天,朱可夫被公认为一位伟大的军事家,他无疑是苏联"卫国战争"期间最伟大的军事领袖之一。然而,考虑到在不同时期视他为劲敌的人们——最重要的一位是斯大林本人,所以朱可夫在他职业生涯中的生存法则更让人津津乐道。

朱可夫诞生于一个后来以他名字命名的村庄,出生于农民家庭的他,于1915年应征加入俄罗斯帝国军队。在抓住革命机遇之前,他就曾因为自己的英勇受到两次表彰。他的背景赢得了苏联红军的信任,1918年他加入红军,第二年

▲ 在卫国战争的最后一年,朱可夫细细查看地图,此时他的部队正向柏林推进

"破冰船计划"

在巴巴罗萨行动之前,苏联人是否计划对德国发动先发制人的打击?

1985年,一位化名维克多·苏沃洛夫的苏联特工声称,斯大林曾计划对西欧发动进攻,并将其命名为"破冰船计划",这个行动意图使资本主义世界垮台。这个想法遭到了历史学家的抨击,但在苏联解体后档案文件变得更加自由可得的情况下,有证据显示了这个计划的真实性。事实上,是格奥尔基·朱可夫制订了进攻德国的计划,对必然要发动战争的德国实施先发制人的战争。

苏联人的计划在德国人进攻前做了几次修改。所有人都低估了德国的闪电战战术,但由朱可夫准备的最终计划证实了威胁的严重性,并做出了咄咄逼人的回应。

"考虑到德国目前正将其军队维持在动员状态,"朱可夫声称,"它有能力在部署和发动突然袭击方面击败我们。为了防止这种情况的发生,我认为最重要的是,不要把主动权交给德国指挥部,而是要在部署中预先阻止敌人,并在德国军队还在部署阶段时对其进行攻击。"

如果苏联的将军们预料到了德军的进攻,那这确实非常了不起。先发制人的打击是否有效是有争议的,但它几乎不可能比最终发动的拙劣的防御战更具灾难性。

成为共产党员。

朱可夫的第一次军事经历是在骑兵团。在内战期间,朱可夫服役于由谢苗·布琼尼指挥的第一骑兵团。这支骑兵团是斯大林的最爱。经过内战,朱可夫成长为一名严格但公平的指挥官。骑兵团被装甲部队所取代,他指挥的坦克团成为军队的典范。

这个故事可能是杜撰的,因为它发表于1957年朱可夫失势之前,但是我们可以从另外的故事中去体会和了解朱可夫的领导风范。在战争期间进行演习时,朱可夫执意让士兵们把所有坦克彻底清洗后再去休息。一个连队刚从演习场地归队已经精疲力尽,他们试图说服管理车场的军官能够允许他们在清晨之前只对部分坦克进行清洗。

不幸的是,一小时后,朱可夫来视察。看到眼前的局面,他没有暴跳如雷,反而耐心地解释了遵守规定的重要性。

"我和你一样明白,他们太疲惫了,完成任务对他们来说很难,"他向已经吓坏了的车场管理员解释道,"但是,他们既然应召入伍,就必须接受训练,做好战斗的准备,接受严峻的考验。与战争的残酷相比,训练的疲惫对他们来说简直就是小菜一碟。"

当步兵师占领中心位置时，装甲部队继续在日军阵地两侧封锁，围堵日军的出路。

据说朱可夫曾教一名士兵如何完美地给靴子抛光，并在他的一只靴子上进行示范，还要求士兵严格按照他的步骤执行。事实上朱可夫的手下不但不惧怕他，反而非常尊敬他，虽然后来朱可夫在自己的回忆录中承认他经常被指"过分严厉"。

1938年底，斯大林寻找他认为可靠的新的指挥官，因为他在"大清洗"中除掉了许多指挥官。朱可夫在"大清洗"中幸存了下来，被升为LVII特种部队（即后来的第一集团军）指挥官，并在1939年顺势巩固了自己在斯大林新秩序中的地位。

哈拉哈河战役极为重要，但几乎没有苏联或者日本媒体报道过这场始于1939年初的战争。

与日本的战争可能会给正在与德国、法国和英国进行谈判的苏联带来严重的困难，因为西方的战争正在逼近。在两条战线上同时开战后果是灾难性的，显然有必要在哈拉哈河迅速取胜。如果能成功，那就更好了，因为这将给苏联在其他地方的谈判增添筹码。

朱可夫很清楚这是他的机会，也知道失败会搭上他的事业，甚至生命，因此，他做了充分的

▲ 苏联军队在斯大林格勒扭转了局势

▲ 朱可夫在哈拉哈河周围的无人区向苏联军队发表演说

战前准备。他用卡车将武器和物资运往前线，集结了大量兵力。

重要的是，朱可夫让日本人以为苏联是在做防守战的准备，但实际上他筹谋着一场大胆的进攻计划。他利用空中掩护来集结装甲部队，向日军发起猛烈的进攻，并迅速形成包围圈。当步兵师占领中心位置时，装甲部队继续在日军阵地两侧封锁，围堵日军的出路。

朱可夫取得了惊人的胜利，这场战役也成为苏军胜利的经典案例。当然这也展示出朱可夫无情的一面。他的一个师在前进的过程中陷入困境，但是他和指挥官谈话，坚持要他重新开始进攻。当指挥官犹豫不决的时候，朱可夫立即把他换下，让师长接替他的工作。当师长也对前进的可能性表示不确定时，朱可夫再次替换了他。他派来了精心挑选的军官，这个师最后伤亡惨重，但是这次袭击行动取得了成功。

朱可夫后来成为斯大林身边的红人，但他的能力无疑也成为潜在威胁，斯大林在"大清洗"时处决了最初的五位元帅之首米哈伊尔·图哈切夫斯基，而五位元帅之一的布琼尼依然拥护斯大林，朱可夫与布琼尼的关系让他逃过一劫，暂时安全了。

朱可夫在战争期间的表现是非常具有传奇色彩的。他协助指挥了莫斯科、列宁格勒和斯大林格勒的保卫战，组织发动了白俄罗斯攻势，领导了对柏林的进攻，并且是第一个签署德国投降书的盟军将领。

然而，战争之初他的表现并不好，1941年朱可夫负责苏联对德进攻计划的处理，这是他职业生涯中最具争议的部分。斯大林当然知道与德国的战争是不可避免的，但在军队准备好之前，他更急于争取时间。红军在大规模扩张的同时，也因为"大清洗"对部队造成的破坏而摇摇欲坠。

▲ 米哈伊尔·图哈切夫斯基

当苏联面临战略选择时,当然是要以"防御为主",甚至是在敌人进攻的时候选择性地牺牲领土。这在政治上是不可接受的,所以苏联人采取了一种"向前防御"的形式,即在边境附近或前线部署机动编队,以吸收消化最初的攻击。然后迅速发动反击,阻止敌人前进。

结果,苏军前沿防御阵地的阵型很快就被德国的闪电战战术击垮了。苏军在更远的西部建立了一条新的防线,这削弱了他们的力量。当德国发动毁灭性的进攻时,这条新防线的准备工作尚未完成。

朱可夫后来声称,他曾经警告过军队应该部署在距离新边界至少100公里的地方,给他们时间对袭击做出反应,但他的建议没有得到重视。也可能是因为朱可夫被1941年的两场战争的结果蒙蔽了。扮演防御角色时,朱可夫曾经有效地对"德国"侵略者指挥过反击战,但是他们低估了德军的数量和进攻能力。

这是朱可夫最大的失败。他无法理解闪电战的本质,这让他觉得,苏联和德国之间的战争与最近在波兰和法国发生的战争在某种程度上是不同的。他相信,最初的行动将是边境上的小冲突,主要的军队在几天甚至几周内都不会互相厮杀。

1941年5月,朱可夫制定了防御战略。第一次是为了阻止德国在边境的进攻,为第二梯队(25—75公里)准备反击争取时间。朱可夫意识到这个计划依赖于第一梯队的防守,只有足够强大,才能够抵挡住德国人的最初攻势,朱可夫动员了大量兵力。斯大林对此表示反对,他的军队准备就绪之前,他不想激怒德国人。朱可夫同斯大林之间进行的"漫长而激烈"的讨论。在斯大林面前有勇气坚持自己的立场是值得赞扬的,但结果是,苏军的准备工作严重不足。

▲ 在印度德拉顿，朱可夫正在展示如何正确使用刺刀

愤怒的斯大林解除了朱可夫总参谋长的职务。

德国在巴巴罗萨行动启动后迅速取得的进展，迫使苏军方面迅速反思。朱可夫很快意识到苏军需要一个全新的计划即有效的防御战略。他呼吁把基辅让给进攻的德军，但愤怒的斯大林解除了朱可夫总参谋长的职务。

这种失宠在斯大林时期通常是不可避免的，但朱可夫接下来的复苏成为了他人生一个重要转折点。

在指挥预备队一段时间后，朱可夫被召回来领导列宁格勒和莫斯科的保卫战，在那里，他终于能够发动反击，这是他对付德国入侵的最初的核心计划。1942年8月，他再次调任，担任斯大林格勒保卫战的副总指挥。1943年晋升为元帅。

1944年6月，苏联方面军组成中央集团军群对德军展开名为"巴格拉季昂"的大规模攻势，这次攻势由朱可夫负责指挥和协调。德国人和苏联人的角色互换了，现在是德国人在依靠纵深进行防御，但他们被苏联的四个集团军——第一波罗的海集团军以及第一、第二和第三白俄罗斯集团军——的联合行动击溃了。朱可夫调用了近150万名士兵，从6个据点在长达1130公里的前线发起攻击。这是一场大规模的战役，到行

▲ 朱可夫在红场阅兵式上骑着白色战马

▲ 1955年，作为国防部长，朱可夫在莫斯科向苏联士兵致敬

▲ 尼基塔·赫鲁晓夫试图把朱可夫从历史书中抹去

动结束时,德国集团军的中央已经溃不成军,苏联人正向华沙逼近。

随着战争无情地向俄国方向发展,朱可夫指挥第一白俄罗军团参加了俄维斯瓦河-奥得河战役,当他准备带领部队进入柏林时,他又与斯大林发生了口角。当朱可夫的前进陷入困境时,他违背命令,发动了两支坦克部队,尽管斯大林非常不喜欢这种表现,但他仍然让朱可夫第一个进入德国首都。

朱可夫后来在红场胜利阅兵式上骑着一匹白马,并负责管理苏联在德国的占领区。然而,随着战争的结束,斯大林的疑心症开始显露了出来。朱可夫先是被降为无足轻重的指挥官,然后被传唤到莫斯科,接受斯大林手下——臭名昭著的特务头子——贝利亚的指控。尽管胜算微乎其微，但朱可夫还是设法逃脱了对他不当得利和抢劫掳掠的指控。

朱可夫再一次逃脱险境，1953年斯大林去世后，朱可夫的声誉得以恢复。他从1955年起担任国防部长。

然而，朱可夫与尼基塔·赫鲁晓夫之间的矛盾比以往任何时候都要多。这位总书记急于在卫国战争的胜利中分一杯羹，而这样一来就不可避免地要诋毁朱可夫所扮演的角色。赫鲁晓夫在他的回忆录中写道："我们正走向一场军事政变……我们不能让朱可夫在我们国家实现南美式的军事接管。"

与以往一样，朱可夫不愿在被激怒时保持沉默，他固执地坚持自己的立场，坚称自己在这场胜利中发挥了关键作用。

虽然赫鲁晓夫把朱可夫推到一旁，但他无法彻底破坏这位军事家的形象。朱可夫没有被开除党籍，退休后他获得了丰厚的退休金，甚至没有被降职。赫鲁晓夫倒台后，他很快又恢复了名誉。

在列昂尼德·勃列日涅夫的领导下，朱可夫经历了历史修正主义的另一面，总书记试图利用元帅的声望，对他大加赞扬。朱可夫此刻正忙着写他的回忆录，他可能已经看到了这种命运变化有趣的一面。随着他的回忆录受到热烈欢迎，朱可夫的健康状况不断恶化，他于1974年6月18日死于中风。

他曾四次被评为苏联英雄，六次获得列宁勋章，他的家乡甚至他居住的街道都在他死后以他的名字命名。

如何在斯大林治下躲过一劫

朱可夫发现自己有几次站在了斯大林的对立面，但他总能重新振作起来。

朱可夫与斯大林关系非凡，不仅因为他让这位独裁者保持了非常久的好感，而且更令人印象深刻的是，他几次被斯大林排斥冷落之后，又设法恢复了关系。

舆论一致认为，斯大林在朱可夫身上看到了他所钦佩的东西，即朱可夫愿意表明自己的主张，有时也愿意公开地与这位苏联领导人产生分歧。在谄媚者的包围下，朱可夫的道德和个人勇气给斯大林留下了深刻的印象。

尽管这一理论很有吸引力，但它忽略了一个事实，即斯大林并不以崇拜潜在对手而闻名。他对朱可夫的宽容几乎可以肯定仅源于一个简单的认识：在战争时期，没有朱可夫这个伟大的将军是不行的。在肃清了红军中那么多经验丰富的指挥官之后，他需要朱可夫，因此他愿意忍受比平常更多的轻蔑。

这与战后的情况相吻合，当时斯大林很快就在人们不再需要朱可夫的时候冷落了这位颇具人格魅力的战争英雄。

朱可夫认为斯大林在战争中发挥了关键作用，他写道："他的声望极高……人非圣贤，孰能无过，当然，在战争初期，最高指挥官也犯过一些错误。但他把这些错误放在心上，深入思考，并试图从中吸取教训。"

朱可夫一向大胆，但在斯大林还在世的时候，很难说他是否会如此胆大地写下这篇文章。